因为你在乎
Because You Care

让彼此快乐的相处之道

伊丽莎白·布朗 著
张刘博怡 译

重庆出版集团
重庆出版社

Copyright © 1999 by Elizabeth B.Brown
Originally published in English under the title
Living Successfully with Screwed-up People
By Revell
A division of Baker Publishing Group
Grand Rapids,Michigan,49516,U.S.A.
All rights reserved

本书中文简体字版由 Baker Publishing Group 授权,重庆出版社在中国大陆地区独家出版发行,未经出版者书面许可,本书的任何部分不得以任何方式抄袭、节录或翻印。
版贸核渝字(2012)第087号
版权所有　侵权必究

图书在版编目(CIP)数据

因为你在乎:让彼此快乐的相处之道/(美)布朗(Brown,E.B.)著;张刘博怡译.— 重庆:重庆出版社,2012.11
ISBN 978-7-229-05285-0

Ⅰ.①因… Ⅱ.①布… ②张… Ⅲ.①人际关系学—社会心理学—通俗读物　Ⅳ.①C912.1-49

中国版本图书馆CIP数据核字(2012)第126999号

因为你在乎:让彼此快乐的相处之道
YINWEI NI ZAIHU: RANG BICI KUAILE DE XIANGCHU ZHIDAO
[美]伊莉莎白·布朗(Brown,E.B.)　著
张刘博怡　译

出　版　人:罗小卫
责任编辑:吴向阳　肖化化　　责任校对:李小君
装帧设计:重庆出版集团艺术设计有限公司·刘尚　黄杨

重庆出版集团
重庆出版社　出版

重庆长江二路205号　邮政编码:400016　http://www.cqph.com
重庆出版集团艺术设计有限公司制版
重庆华林天美印务有限公司印刷
重庆出版集团图书发行有限公司发行
E-MAIL:fxchu@cqph.com　邮购电话:023-68809452
重庆出版社天猫旗舰店
cqcbs.tmall.com
全国新华书店经销

开本:720mm×1000mm　1/16　印张:11.5　字数:130千
2012年11月第1版　2012年11月第1次印刷
ISBN 978-7-229-05285-0
定价:28.00元

如有印装质量问题,请向本集团图书发行有限公司调换:023-68706683

版权所有　侵权必究

目 录
CONTENTS

第一章　　眼光决定你的状态　/ 1

第二章　　超越压力,好心境自然而来　/ 11

第三章　　改变从自身开始　/ 20

第四章　　搞清楚自己想要什么　/ 29

第五章　　除去内心的刺　/ 39

第六章　　治愈内心的创伤　/ 44

第七章　　掌控自己的情绪　/ 55

第八章　　学会设立界线　/ 62

第九章　　向过去说"GOODBYE"　/ 73

第十章　　愤怒与还击　/ 82

第十一章　　正确处理怒气　/ 88

第十二章　　正面交锋策略　/ 96

第十三章　　饶恕是最聪明的选择　/ 110

第十四章　　我该如何道歉　/ 118

第十五章　　与棘手之人的沟通要点　/ 128

第十六章　　欣赏"求同存异"　/ 138

第十七章　　紧握对方的手　/ 145

第十八章　　希望在何方　/ 157

第十九章　　与豪猪共舞　/ 168

前 言

　　你是否正在苦苦寻找生活的救赎之道，使自己能与你无法忍受的人维持平衡的关系？身处糟糕的人际关系之中，你的情感或需要是否很少得到关注？因此常常会身心受伤，一触即发，甚至勃然大怒？你是否逼迫自己坚强地应对迎面而来的糟糕之事，而不可理喻、毫无公道可言的事情却一次又一次地将你击垮？你是否在面对棘手之人的指责、攻击与谩骂时，试图竭力控制自己的反应？倘若如此，你真的需要这本书。

　　面对糟糕的人际关系，有时混乱的局面往往大行其道，令我们困惑不已：我该如何摆脱这种状态，是否应该辞职，或离家而去，还是外出度假？有时我们思想纷乱不堪：要是我没有说出那些话就好了，或许我也有错，或许挽回已经没有希望。有时我们内心黯然神伤：为什么我总是被遗忘，总是得不到接纳、尊重与关爱？于是，你意志消沉地问自己：为什么我要让自己受到伤害？答案很简单：因为你在乎。

　　你在乎，因为你相信遭遇困境时应该负起责任，而不是逃避问题。你在乎，因为对方是你的亲友或同事，如果能与之经营一段良好的关系，那会是件再好不过的事情。

　　我的朋友莎拉就面临这种情况。莎拉在乎与母亲的关系，她急于改变棘手的现状——既无法与母亲友好相处,又不想断绝来往。在我讲授的"直面人生苦难"专题研讨班里,听到别人谈论各种不幸的事,莎拉认定自己遇到的问题与众不同。她告诉我:"如果遭遇配偶离世、家园化为灰烬或孩子自杀,因为这些问题都是无法改变的,所以你不得不朝前走。但我的问题是,妈妈总想操控我所做的每一件事,她讨厌我的朋友,憎恨我的丈夫,还抱怨我喂养孩子的方式。她就是我人生中的那份痛苦。除非她能改变,她也应该改变,否则,我无法快乐地生活。"莎拉的这番话成为我撰写此书的初衷。

年轻的莎拉认为自己的处境和别人不同。她没有意识到,在座的两百位学员也是因为渴望得到无法得到的东西,期待一切会变得有所不同,才会在痛苦中驻足不前。事实上,在离婚早已普遍的今天,离婚后,两人还可能身心备受煎熬长达十年之久。统计数据表明,丧偶或丧子的情况也是一样。所以说,失去任何东西,尤其是希望破灭带来的痛苦,都需要我们赋以新的眼光、目标和勇气。

一位医生曾经从机场打电话给我,因为暴雨他被迫滞留机场,无聊之余走进书店,想找本好书来打发时间。他无意中发现了这本书(指本书的第一版),结果令他眼前一亮。他说:"我正好处于抓狂之中。四年来,我曾多次寻求心理咨询师的帮助,想要挽回我的第二段婚姻,然而结果却令人失望,我已经打算彻底放弃了。你的书犹如天降甘霖,在这三个钟头里,我获益匪浅。过去,我总是把所有的错归结到妻子身上,相信我,怪罪她一点不为过,但我现在意识到,自己也负有责任。多亏有你的书,令我重新看到了希望。我已经给自己定了一条底线:我决不会变成另一个抓狂的人!"

我自己也曾遭遇过棘手的人际关系,后来我对其看法之所以发生了根本性的变化,是因为我女儿莲的猝然离世。莲当时七岁,是个爱粘人的小女孩,头个星期五,她还在又蹦又跳,非常快活,星期一,却因为感染雷氏综合征突然离世。两岁时,她患上了Ⅰ型糖尿病,又叫青少年糖尿病,虽然这并非是造成她死亡的直接原因,但血糖水平的忽高忽低,还是严重损害了她的健康。她的情绪也会随着这种变化大起大落,十分辛苦,常常前一刻还有说有笑,忽然又变得闷闷不乐。令人欣慰的是,她的朋友们对此都十分理解,毫无怨言,他们会找到老师或者我们,说:"莲不舒服,需要吃点东西。"

正因为朋友的关怀,莲才没有被糖尿病击垮。美好的友情支撑着她,这点让我非常感激。相形之下,我自己的人生却因为母亲而弄得一团糟!虽然我深爱着她,她也理应关心支持我,但她的一举一动却给我的生活带来了巨大的混乱,令我不胜其烦。然而后来,我渐渐意识到,越是如此我越应该去爱她,使她性格上的缺陷不至给她造成更严重的问题。从此,我努力尝试把她看成是一个孩子,一个和莲一般大、又蹦又跳、快活、爱粘人的小孩,事情终于有了改观。

有时候,只要换个角度,就能让事情往好的一面发展。看问题的角度改变了我的生命,让我能对从前无法忍受的人充满了感激和关怀之情。不过,当我今天面对种种不公之事时,我仍然需要用这本书来提醒自己,并用书中的箴言来使自己释怀。认为"我们彼此相爱,就会万事大吉,或者时间会冲淡一切"的想法虽然让人安慰,但一旦对方伤害到你,你还是会一触即发。在书中,我们将讨论诸多与棘手的人际关系相关的话题,比如应该如何去饶恕对方,而非怀恨在心。

要相信,与棘手人物和平相处,共同生活、工作都是可能的。不管对方如何令你抓狂,只要我们目标明确、态度积极,都能成功地开启解决关系问题之门,快乐地生活!

第一章

眼光决定你的状态

一次观看足球赛时，一个年轻人问了我一个问题，我相信，这个问题同样令许多人感到不解："为什么最棘手的人际关系，偏偏出在你和你最爱的人之间？"

这个名叫戴维的年轻人并不知道我正在写一本关于棘手的人际关系的书，也不知道我正在研究这个问题。当时，他只是需要有人听听他的故事，而我恰好就站在他的旁边。

我问他："你认为答案是什么呢？"

"我不知道，"他说，"我只知道，通常让我们最难过的恰恰是我们最爱的人。"

戴维是正确的，与朋友和家人关系不合，会造成锥心之痛。往往，亲密的关系最容易造成伤害，也许这就是在假日期间自杀率成倍上升的原因。我们驾着车，一路迢迢，赶赴全家人在老祖母家里的团聚，心里却暗自感慨，为什么我们要白费力气去忍受自己家人的折磨呢？这种时候本应让彼此疲惫的心得到休息，却为何旧伤未愈又添新伤？很多时候，我们的遭遇令人唏嘘：家人互相争斗，夫妻彼此攻击,孩子叛逆不羁,好友反目成仇,同事和邻居也对你横加指责!

戴维正在经历一场人际关系危机,他的期望被现实泼了一瓢冷水。两个和他最亲近的人不仅没有支持和肯定他,反而严重地伤害了他。他们肆意批评他的缺点,自以为是地忠告他怎样才能改正错误,成为一个更有价值的人,并且断言他的梦想不可能实现。实际上,许多泛泛之交的朋友都从不吝啬鼓励他,但把他打击得体无完肤的,却恰恰是他最关心的人。理应关心自己的人却伤害了自己,没有义务关心自己的人却肯定了自己,这是怎么一回事?

你也许面临着相同的状况。陌生人并不成其问题,让你失去理智的人,恰恰是那个最应该鼓励你的人,是那个你深爱着的人。每一天,你都被亲近之人折磨得精疲力竭。

我告诉戴维:"我了解,你现在很迷茫,有些灰心,但你距离理解人际关系的真谛只有一步之遥了!换种眼光,你需要重新看待棘手的人际关系,找回自由和快乐!"

为了让戴维清楚地理解这个概念,我跟他分享了莎拉的故事。莎拉对我说:"你强调我必须看到自己已经拥有的,不去想我得不到的东西,但那些遭遇灾难后勇敢活下去的例子对我并不适用。他们别无选择,只能接受现实。毕竟,房子被烧掉,深爱的人死去,你又能怎么办呢?而我的痛苦却是妈妈,她就和我住在一起,我天天面对她,无论我做什么,她都横加批评。虽然我可以离开,和她分开住,但我更期待她能意识到自己的问题,并能改变自己,这样,我们母女俩就能幸福地生活在一起了。"

我给莎拉举了个例子,在动画电影《石中剑》里,即将成为国王的亚瑟和梅林法师一起穿越林海上空,梅林想让亚瑟能从空中俯瞰的景象体悟战争的残暴,于是问他看到了什么,亚瑟注视着脚下的土地,忽然之间有了新的发现,他大声地说:"在我眼中,一切都清楚至极!在这片土地上,将再也没有人为划定的边界。人们为地图划上边界，为了争夺领土在其上激烈地战斗。所以，我们所要做的，就是除掉存在我们头脑中的一切边界。"

我问莎拉，她能否像亚瑟一样，好比飞翔在棘手的人际关系的上空，用一种超脱的眼光来看问题，这样，她就能看见，除非她允许，否则并不存在任何导火索；除非她允许，否则没有人能操控她。她必须认识到，关系之所以出问题并不是单方面的责任。妈妈纵然给她的生活制造了混乱，但她的消极反应也增加了问题的严重性，化解冲突，解决问题，是两个人的工作。

◇伤害我们的，是我们对事情的消极看法◇

莎拉、戴维和其他任何遭遇困境的人并没有分别，他们都不满于现状，都执著于无法得到的东西，渴望得到别人的肯定，并以此作为让自己快乐起来的条件，因此才会不快乐。面对棘手的人际关系，人人都需要自己作出抉择，抉择得好，我们就能脱离困境，抉择得不好，我们将会纠结于对方令人失望的表现，并在问题中越陷越深。

不幸的是，棘手的人际关系就像是沼泽。一提起沼泽，我们就会立刻联想到藤蔓、鳄鱼、毒蛇和蚊虫。是的，棘手关系就像是混乱的泥潭，我们想要脱离困境，找到出路，却无法立足，眼看鳄鱼对我们虎视眈眈，不远处，蛇也准备对我们发起进攻，我们彻底乱了阵脚，无法看清问题所在，于是想："应该对问题负责的，究竟是我还是对方？"

我们需要站在全新的角度重新审视让我们感到棘手的人。站远一点，我们才能看清自己的期望是否合乎实际。站远一点，我们才能看见，我们衡量他人的标准是不一样的。对于亲近之人，我们的要求极其严苛，对于局外人，我们的标准则要宽松得多。同样一种行为，出现在外人身上，我们会觉得很可笑，但出现在亲近之人身上，我们却会感到难以接受，和对方关系越亲密，我们就会越排斥。根据期望值与现实差异程度的不同，我们会感到失望、困惑、生气、受伤、备受鼓舞、快乐和兴奋的一系列情绪反应。我们需要现实地看待生命中的每一个人，不管是亲密之人，还是泛泛之交的朋友。

这番话让戴维想起了办公室里的一个同事，他笑着说："我有个同事，极度神经质，总是大叫大嚷，预言说危机即将发生，地震就要发生什么的，他还会对大家做出一些古怪的举动，让人大伤脑筋。哈哈，我觉得，这家伙真的很有意思！"

"那么，你愿意跟他住在一起吗？"我问。

"门儿都没有！莎拉不是也不喜欢和尖酸刻薄的妈妈住在一起吗？对了，那位老兄的儿子也在我们公司上班，每次看到爸爸对别人不礼貌，他总是感到无地自容，跑来替他赔不是。"说到这儿，戴维忽然开窍了，"虽然这位同事极大地干扰了大家的正常工作，但我会认为他很搞笑。而面对和我亲近的人，我却会深感受伤，其实他们根本没法和这位老兄相提并论，对他们我是不是要求过高了呢？"

◇和谐相处之道◇

当我们发现自己为何将陌生人的无理之举视做有趣，却将某些人的相似之举视做威胁后，就能像戴维那样，找到和各种人和谐相处的秘诀了，这个秘诀就是：尊重个体差异性。每天，你和性格各异的人分享各种事件，倾听不同的声音，这些人的思维和行为方式都与你迥异，而你又非常在乎他们。你们会一起外出吃饭，有说有笑，相处的乐趣恰恰在于你们的个性各不相同，这就跟每个人的口味不同一样。假如人人都像是一个模子里刻出来的，人际关系将会多么平淡乏味！

　　戴维之所以能对同事的神经质一笑了之，是因为他设立了有效的心理界线，他知道，自己无须为同事的古怪行为负责，也不需要得到对方的肯定，因此才能客观地看到，这个人必须为他自己的行为负责。健康的人际关系强调客观，鼓励每个人为自己的行为后果负责。

> **健康人际关系的基础：**
> 1. 尊重他人；
> 2. 为自己的行为负责；
> 3. 允许别人为他们自己的行为负责；
> 4. 关爱他人，但不越界。

◇走出沼泽◇

　　你正在人际关系问题中不断兜圈，无效沟通让你头疼不已吗？和戴维与莎拉一样，你可以学习去肯定，甚至关爱那个无理取闹、极度挑战你忍耐力的人。本书将教你如何设立界线，战胜消极情绪及改变病态沟通模式。

> **本书将告诉你：**
> 1. 健康的人际关系应该是怎样的？
> 2. 人际关系出现问题时有哪些征兆？
> 3. 人际关系若出现问题，你和对方各自负有什么责任？
> 4. 如何积极地解决问题？

超脱的眼光能赋予你智慧，将你从错综复杂的局面中拯救出来，看清问题的本来面目。记住，你的目标是获得自由，而这需要你付出艰辛的努力。我常建议人们在解决关系问题之前，做做以下的基础测试，回答时请记下你的答案，以便日后查阅使用。

> **基础测试：**
> 1. 对方给你的情绪造成了怎样的冲击？
> 2. 你对他作何反应？
> 3. 你的反应是否成熟？
> 4. 你是让别人头疼的人吗？
> 5. 别人对你的行为作何反应？

◇改变自己◇

有些人际关系之所以令人头疼，是因为你和对方陷在病态沟通模式中无法自拔。如果问题刚刚形成，请尽快解决，不要等到严重时再想办法。如果你认定，关系已走进死胡同，再也无法扭转，也不要泄气，因为否极泰来，你和对方很可能在此时才看清现实，让一切柳暗花明。所以，假如你还想继续这段关系，就不要轻言放弃。

你只需回答一个问题："你希望改善关系吗？"如果答案是肯定的，你就必须先去改变自己，否则，这种关系真有可能走到尽头。

还击对方的效果往往不好。只有当对方看到，你身上有变化发生，他才有可能改变。当你周围的人问："你看起来怎么像是变了一个人似的？"这就叫转机！你的变化会积极地影响到其他人。要知道，当一方作出改变，双方关系就不可能不改变。

◇不切实际的期望◇

也许你还在等待对方主动改变自己，你坚信，只要他能改变，乐于与人相处，就不会再冒犯别人，也会再受到欢迎。你的心意是好的，但未免不切实际。打个比方，一位丈夫希望自己的太太能够随时变身，成为性感女神。他想不到，她既得带孩子，又得上班，如果不能分担她的担子，她注定只能是个不修边幅的家庭主妇。也就是说，他想得到的和实际拥有的是两码事，然而，只要他能换一个角度，看到自己必须照顾好妻子和孩子，营造出美好的家庭氛围，他的心愿仍然可能实现。

颖佳不得不调整自己的期望值："我的烦恼就出在我们这一家子身上。大家平时各忙各的，没有时间好好聚一聚，所以我们搞了一个家庭聚餐计划，每次轮流由一家负责招待。但是，有的人要么迟迟不肯现身要么干脆不来；有些人来是来了，但待上几分钟就说有急事要办，匆匆离开；很少有人会事先打电话给女主人，告知自己来不了。而且这些借口都太牵强，得处理孩子的事，得帮邻居办点事，太累了，忘了，……这么说吧，我情愿花这个工夫招待素昧平生的人！"

颖佳非常窝火，她比手画脚地对家人训话，告诫他们说话要算话，但这样做的效果很不好，情况并没有得到改善。我问颖佳，后来她又是怎么调整自己的内心想法，使自己不再感到愤愤不平的。

她说："后来我想通了，一家人聚在一起应该和乐融融，我如果继续埋怨，大家虽然人聚在一起，心却会彼此疏远，家庭聚餐便失去了意义。所以，我闭上了嘴，不再发表意见。"

颖佳的说教并不能改变大家的态度，于是，她改变了自己的态度，放松心情，享受团聚时光。轮到她招待大家时，她把形式改成了自助餐，取消了对人数的限制，并精心准备了各种冷食和热食，无论最后有几个人能来，她都开开心心地与他们共聚，当没来的那些家人又打电话来告假时，她会用愉悦的口吻回答他们："我们今晚很高兴，只是很挂念你！"

颖佳的态度是明智的。种种研究及实践证明，人与人之间的病态沟通模式是可以转变的。通过改变自己的思维方式，解决不良人际关系多年来造成的乱局，重建美好的人际关系是完全有可能的。别人可以改变，你也能！

同时，我们会频繁地谈到期望值的问题。许多时候，我们之所以对某些关系感到失望是因为期望过高。请花几分钟做做以下的基础测试，以评估你们的关系是否健康，你对待问题的态度是否成熟。

◇ 基础测试 ◇

请根据自己的情况，为下列测试打分，然后将分数相加，查阅后面的测试结果。

1分=从来没有这种感受
2分=有时有这种感受
3分=经常有这种感受

1. 还没和对方见面，我就开始生闷气。
2. 和对方一见面，我就预感混乱即将发生。
3. 我受到了对方的压制和操控。

4. 我得不到对方的肯定。

5. 我总是不得不捍卫自己。

6. 与对方发生冲突后，我充满了歉疚感。

7. 对方令我备受伤害。

8. 和别人在一起时，我总是谈到与此人的不良的关系问题。

9. 和对方在一起，我总是感到身心受伤，愤愤不平。

10. 我永远无法达到对方的期望。

11. 我自认是个失败者，所以不敢表达自己的真实想法。

12. 和对方见面之前，我会事先想好要说什么、做什么。

13. 我想要以牙还牙。

14. 我不想见到对方。

15. 我必须保护自己和他人在心理和生理上不受此人的伤害。

16. 我希望改变这个人，让他快乐起来。

17. 我希望改变这个人，让自己快乐起来。

18. 我的怒气会毫无预兆地爆发。

19. 我不快乐。

20. 我不喜欢自己。

21. 我渴望与对方和好。

测试结果：

21分以下： 你们的关系非常健康。

22～34分： 你们的关系不健康，你的态度欠成熟。

35～63分： 你们的关系不健康，你的态度不成熟。

如果测试结果不乐观，也不要灰心，总是有解决方法的。

你是否厌倦了总是受到冷落和牵制，与对方冲突不断？厌倦总是身心受伤，郁郁寡欢？很多人已经成功改善了与他人的不良关系，你也可以！记住这句话：当一方作出改变，双方关系不可能不改变。

> **健康人际关系箴言：**
> 1. 对方固然有错，但你的消极反应也同样有错。
> 2. 当一方作出改变，双方关系不可能不改变。

第二章

超越压力，好心境自然而来

听到金丝雀婉转的歌声，女主人看了下鸟笼，觉得它急需清理。于是，不顾鸟儿上下扑腾，她直接把吸尘器的吸头插入笼中，全神贯注地打扫起来。这时，门铃忽然响起，女主人吓了一跳，手中的吸头翘起来，将金丝雀一下子吸了进去。意识到问题的严重性后，她慌忙关闭电源，打开垃圾收集箱寻找它，她松了一口气，还好，它虽然受了惊吓，但并没有大碍。她把金丝雀放回栖棒上，它无力地蹲踞在上面，一声不吭，不再歌唱。

面对不良人际关系造成的压力，我们常常像金丝雀一样，受到了辖制。从表面上看，我们似乎没有受到实质性的影响，但事实上影响是存在的，我们的心境改变了，失去了快乐。

◇压力从何而来◇

产生压力的原因很简单：因为你在乎。假如你不在乎，那么，别人说过或做过什么又有什么关系呢？你大可以站在旁观者的立场审时度势，冷静地制订出解决方案，一心朝着自己的目标前进就是了。但事情并非这样简单，面对着亲近之人提出的请求，你无法置身事外，重重的责任和义务让你喘不过气来。你不想拒绝对方，但也不想承诺与你本意相违的事，因此，你痛苦地呻吟着："我真不知道该怎么办才好！"

其实，你并非不知道该怎样做，只是暂时失去了方向而已。所以，你像金丝雀一样彷徨不安，恐惧和怒气让你无法快乐地歌唱。你害怕，如果违逆对方，你将会失去友情和亲情，伤害到其他人，甚至会被指责为一个不负责任的人。所幸你与金丝雀不同，理智会告诉你应该怎样做，才能避免发生不好的后果。

你并非不知道该怎样做，只是暂时失去了方向而已。

虽然你非常在意对方的看法，但还是要保持头脑清醒，千万不要因为压力，就：

1. 去做错误的事；
2. 违背你的原则；
3. 伤害别人；
4. 做不道德的事。

你需要扪心自问：我之所以想要顺从，是不是压力所迫？对我和我关心的人而言，这究竟是好事还是坏事？从法律和道德层面上来说，这件事是正确还是错误？我是否应该谨慎思考过后再决定是否承诺对方？

◇不要独自承受压力◇

工作、友情、祈祷和幽默感四大要素对于培养良好的情绪至关重要。工作能使你生活充实，友情能让你感到快乐，祈祷能为你点燃希望，幽默感有助于释放压力。不要独自承受压力，万一遇到这种情况，要发挥你的幽默感，这能有效地驱散压力。

一天上课时，40来岁的詹姆斯和大家分享了他过去的工作经历："我的老板弗雷德是个暴君，15年来，他没有一天不把下属骂得狗血淋头，他总是强调：'我发火不是针对你，是针对你犯的错！'但他骂人时却会说：'你的常识到哪儿去了？只有白痴才会这样干！'这分明就是冲着个人来的。我之所以愿意忍受老板的折磨，是因为两个原因，第一，作为公司经理，我得到的报酬很可观；第二，出于对公司的一份责任感，我的工作能力很出色，这点无须弗雷德的肯定。虽然他表现出一副无所谓的样子，但我明白，他需要我的协助。尽管如此，最终我意识到，为他工作就像是在洗衣机里一样，你永远不知道汹涌的水流会在哪一刻朝你袭来。所以，我决定不再为这位刻薄的老板工作，并告诉他：'弗雷德，按理说我在这儿得到的薪水的确不错，但你对待员工的恶劣态度实在让我忍无可忍，如果你还想让我留下，就必须提高我的薪水。'弗雷德没有同意我的要求。到我离开的时候，从公司成立伊始一直为他效力的27位员工里，只有3位仍然留在公司。"

压力是个很现实的问题，一时之间也很难作出抉择。很多时候，我们不得不问自己：你急需用钱，怎能辞去工作呢？你急需养家糊口，怎能跟丈夫离婚呢？你怎样才能不违背父母的意思，又可以按照自己的想法生活呢？你怎能因为家人施压，就违心和他们站在同一条阵线上？于是，家人的恳求，父母的责难，孩子的哭喊，一切都让你无法快乐起来。这些能让你产生压力的人都是你生命中的重要人物。在这种情况下，你怎样才能找回快乐呢？

我问詹姆斯，他是怎样顶住和老板发生冲突的压力，控制住情绪的。他把这一过程总结成了五个步骤：

1. 主动应对
2. 认清现实
3. 看到瓶颈
4. 权衡利弊
5. 自主决定

请思考这五个步骤如何左右我们的情绪。如果在所有的情况下，我们都能控制好自己的情绪和反应，就可以无往而不利了。相反，冲动行事注定会带来灾难性的后果。

◇情绪自控五步骤◇

第一步:主动应对

在棘手的人际关系中，生活就好像处于风口浪尖，压力不断累积，稍事缓解，又再度累积。因此，对可能出现的状况估计不足，或是因一时的风平浪静掉以轻心，都会导致失败。被动听从对方提出的要求，而无视自己内心的真实想法，最终会令你失去理智、情绪失控。因此，你事先应确认以下事项：

1. 我是被对方攻击的唯一对象。
2. 我这样做才能顾全大局。
3. 我才是正确的，对方是错误的。
4. 按对方说的那样做有违我的原则。
5. 我真不想按他所说的去做。

为了获得他人的认同，你宁愿放弃自己的想法，屈从于别人的意志吗？心智成熟的人清楚，自己有权决定是否听从别人的想法。当然，你无力阻止他人对你施压，但你能够主动地应对，设立界线保护自己。记住，除非你允许，否则没有人能控制你。

是的，你踌躇不决，与棘手人物谈判可能令你蒙受损失，但正因为这样，你更需要找到正确的方向，果断地决定。

与棘手之人大胆谈判吧，这不仅无法逃避，而且迫在眉睫。因为问题从来就不会自行消失。如果你一味忍让，一再沉默，问题将会越来越严重。请不要为自己寻找借口：他是老板，我怎么好意思跟他谈条件？他不会耐心听我说话的，他会大吼大叫的，他会崩溃的，我会被炒掉的……如果你想要扭转局面，就必须和能让局面扭转的那个人对话。詹姆斯做得很好，他开诚布公地和老板摊牌，提出留任公司经理的条件，此举促使老板必须作出明确的决定。詹姆斯态度客观，语气平静，没有丝毫抱怨、愤怒或威胁的意思。同时，他也冷静地接受了谈判的结果：离开公司。所以，当你为自己争取权利时，也要作好可能失败的心理准备。

第二步：认清现实

健康的人际关系是苦心经营的结果，它需要你认清现实，放弃与对方讲道理和让对方按常理出牌的想法。健康的人际关系是以现实生活为基础的，它并非空中楼阁。詹姆斯说，自己之所以逃离了坏雇主的魔掌，是因为自己的想法很实际。弗雷德毫无口德，毫无团队合作精神，说穿了，他是一个彻头彻尾的操控狂。因此，詹姆斯知道，自己只有两种选择：要么继续忍受老板的蹂躏，要么另谋高就。

他说："眼睁睁看着弗雷德作决定，我也感到非常纠结。因为我一旦离开，公司很可能从此一蹶不振。想到将扔下这个烂摊子，去寻找新的未来，我还是有些于心不忍。但我终究还是说出了真实的想法，把决定权交给弗雷德。毕竟，他才是这家公司的所有人，要破罐破摔、卖掉公司或是关门大吉是他的自由。我无法接受他的决定，所以只有辞职。"

我们常常试图用理性的眼光看待对方不理性的行为，而不是直接定性这种行为是错误的。和棘手人物讲道理，要求他按理出牌，只会导致双方关系更加不平衡。

请阅读以下表述，看看你是否尝试理性地解读对方不理性的行为，如果是，说明你的自主行为能力和处理关系问题的方式带有局限性，请注意表述下方的分析语：

1. 对方之所以行事缺乏理智，是因为他在儿时曾经遭受不幸。

    分析语：一个人的自主行为能力和他的童年际遇无关。

2. 对方没有我就无法感到快乐。

    分析语：快不快乐是他自己内心的事。

3. 对方离开，我就无法独立生活。

    分析语：这叫做共同依赖，说明人际关系不健康。

4. 对方之所以如此抓狂，全是我的过错。

    分析语：每个人都要为自己的行为反应负责。

5. 我绝不会做对方不同意的事情。

   分析语：健康关系的特点是共同协商和相互妥协，而非单方面的驾驭。

6. 没有对方，我无法正常生活下去。

   分析语：这说明你的心理状态不健康，请寻求心理治疗师的帮助。

7. 无论对方做什么，我都支持他。

   分析语：错误永远是错误。你可以关爱对方，但不应认同他对别人的伤害或对法律的触犯。

8. 我担心对方对我的看法。

   分析语：你可以在意对方的看法，但不应该担心！

9. 只要我努力，对方就会肯定我。

   分析语：假如他现在不肯定你，那么将来也不会。这种做法无异于把希望寄托在对方身上，而你不知他可以视心情的好坏决定是否肯定你。

10. 我和对方总是争吵不断。

    分析语：频繁的争吵标志着人际关系的失衡。

11. 如果我违抗对方，他就会结束我们之间的关系。

    分析语：健康的人际关系是协作关系，而不是"谁统治谁，谁附属谁"的游戏。

第三步：看到瓶颈

詹姆斯清楚，老板永远无法改变，想要留下，作出妥协的只能是自己。这就像是有人用枪逼着你投降，你只能想：我还能做些什么？

第四步：权衡利弊

詹姆斯之前一直选择低声下气，认为为了这份工资，为了尽力挽救公司的心愿，他可以忍受下来。但权衡利弊后，他意识到，任何理由都不足以弥补自己的精神损失，所以选择了离开。因此在决定前，你需要全面地衡量利与弊。

第五步：自主决定

如果许诺的每一件事都是你自己愿意去做的，就说明你设立了有效的界线，从而能够较好地控制事情的后果。做个深呼吸，给自己一点时间审时度势，然后大胆地作出正确的决定，如此一来，压力会像吹破气球一样，一扫而空！记住，迫于压力仓促决定，或是优柔寡断、不敢作决定，都是不可取的。要知道，如果你不愿意自主作出决定，别人会很乐意替你来作！

◇你有选择权◇

一次，我在得克萨斯州的某地乘坐出租车，听出租车司机的口音不是本地人，我便询问他是哪里的人。他回答说是"匈牙利人"。然后又告诉我们，七年前匈牙利国内发生的种族净化危机，迫使他不得不离开祖国，来到美国另谋生路。

我说："下这个决心一定很艰难吧？"

第二章 超越压力,好心境自然而来

"那倒不是,"他迅速地回答,"我只是选择随遇而安,和在国内时一样,过自己的日子而已。"

按照这位司机的说法,答案其实很简单:过日子。是的,在困境中,你我只是想要简简单单地过日子而已啊!当我们面临着被压力辖制的危险,当自我和对生活的热情渐渐死去,你会作何选择来改变一切?

> **健康人际关系箴言:**
> 1. 你并非不知道该怎样做,只是暂时失去了方向而已。
> 2. 除非你允许,否则没有人能控制你。

第三章
改变从自身开始

我目睹过许多人因为人生变故遭受巨大的痛苦：重病缠身、离异、亲人故去，也见到人们挣扎在棘手的人际关系问题中无法自拔。每次，研讨班的话题总是从带有普遍意义的人生苦难转移到棘手的人际关系这一主题上来。渐渐地，我开始意识到有必要专门写一本书来讲讲这个问题。

当我把这个想法告诉学员时，他们纷纷表示支持，并且七嘴八舌地说："我们可以为你提供许多真实素材！"下课后，他们都过来和我交流自己的亲身体会，有的人垂头丧气，有的愤怒之情溢于言表，还有的整个人沉浸在忧伤之中。学员们控诉着生命中的一个个让他们抓狂的人：性情乖僻的母亲、让赛门·莱格里（《汤姆叔叔的小屋》里贪婪残暴的奴隶主——译者注）都相形见绌的坏老板、天性古怪叛逆的小孩、喜欢折磨学生的可怕老师、彼此心怀恨意的一家人等等。这些学员都是易于相处的人，生活方式也很普通，他们却这样描述自己的感受：我很受伤，从来没有得到过对方的肯定。我想尽办法取悦对方，但都无济于事。听到她的命令，我只能规规矩矩回答一声："好的，夫人！"

埋怨与不满是贯穿每个故事的主线。已婚的人感叹当初的爱情曾是那样的甜蜜动人，后来竟渐渐褪色，变得黯淡无光。为人父母的人叹息，含辛茹苦地把孩子抚养成人，却听不到一句让人安慰的话，孩子对自己态度冷淡，敷衍了事。为人子女的人为在家遭到的不公对待愤愤不平，明明有话要说，却被命令不许开口表达意见。为人上司的人抱怨下属如何不老实。为人下属的人则抱怨自己被老板当成佣人呼来喝去。虽然其中的许多关系听起来已经非常不健康，但大家还是非常留恋，只想知道是否还有可能挽回。

◇谁需要改变◇

我深深了解人际关系出问题的心理感受。多年来，我曾为美国各地数以千计有需要的人提供咨询和帮助，熟知关系病症的各种表现，以及应该如何调整自己，避免消极反应，让局面雪上加霜。在帮助别人的过程中，我亲眼看到，许多看似没有希望的关系，经过当事人适当地调整和努力配合，重新焕发出了勃勃生机。

我问学员们："既然你们都说对方不公允，不靠谱，自以为是，冷漠无情，懦弱，做作，私心重，依赖性又太强，那么，你还希望改善关系吗？"大家无一例外地表示同意，但也提出一个条件：对方必须改变。他们呐喊道："你不晓得，他那个人不正常，从来不把任何人放在眼里，为人极其刻薄，总爱摆布别人！我可不是那种人。有错的人是他，不是我！"

我不得不说，他们看问题过于片面了。

根据我的经验，事态之所以没有朝更严重的方向发展，是因为做错事的人始终只有其中一个，而相互之间的不健康关系之所以更严重，恰恰是因为两个人都有错。不健康的关系牵涉到双方，因此，在出现任何好转迹象之前，必须有一方愿意先作出改变。

有一些人意识到，改变一个让人抓狂的棘手之人是一件不可能的事，但自己又迫切需要与对方和平相处。因此，这些人愿意尽一切所能改变这种局面，与此同时还能保有内心的平静和快乐，他们也因此成为了我们的榜样。

听了我的话，学员们问："我能做些什么呢？"

现实就摆在眼前，让我们无法忍受的那个人很可能永远不会改变。我们唯有改变自己，调整自己的行为，才有可能扭转与那个人的不良关系。

◇剪不断理还乱◇

两个人之间的消极沟通模式就像是螺栓与螺帽的关系，双方针锋相对的错误行为和反应日积月累，愈演愈烈，使得问题越来越错综复杂。

在心理学上，这种情况被称为共同依赖。看到对方如此不讲道理，出口伤人而又贪得无厌，我们试图改变他却无力办到，渐渐地，我们的反应也开始变得消极，从逃避对方，到冷战，再到威逼对方改变，导致冲突不断升级。弄清谁是棘手之人很容易，但弄清你的态度是缓和还是加剧了矛盾，就不是一件容易的事了。所幸，就像螺钉可以拆下，彼此攻击的死结也是可以解开的。

实际上，我们很难轻易就把某个人定义为棘手之人，毕竟，人非圣贤孰能无过？我们自己不也是有缺点的人吗？仔细观察一下，你便会发现，这个人并非在所有的人际关系中都让人觉得棘手，说不定他在自己的社交圈里，还是个颇受欢迎的人呢，只有在某个或几个核心圈里，他才构成棘手人物。

我们之所以把对方看做棘手的人物，是因为他的确给我们的生活造成了极大的混乱，不断做出不合宜的事情，对人尖酸刻薄，喜欢操控别人。不过，棘手之人也是一个普通人，而并非精神失常，只是苦于无法摆脱不良的沟通方式和行为习惯，才会让我们自觉受到了轻视和控制，并因为得不到其认同而倍感压抑、愤怒。换句话说，他们极大地冲击了我们的内心世界。

棘手之人往往具有自私自利的特征，眼中只能看到自己的感受、需要和权利，他们自以为是，并带有自毁倾向。他们常会这样回应你：你应该照我说的去做，我就是比你懂；离开我你什么事也做不了；你为我做得还不够；你对我太不公平，我很受伤，对你很失望，等等。

棘手之人为了使你心生歉疚，对他唯命是从，会无所不用其极。因此受害者会的自尊会受到严重的践踏，被迫处于双方关系的下风地位。但其实，棘手人物本身也是受害者，他是囚徒，被囚禁在毁灭别人和毁灭自己的恶性循环里。

◇打破固有模式◇

让·亨利·长西米尔·法布尔是19世纪晚期一位伟大的法国昆虫学家，他一生致力于观察昆虫世界，并根据在自家花园和附近田野观察得到的资料，编成了伟大的著作《昆虫记》。书中记载了法布尔最为人熟知的观察项目：松毛虫的长征。松毛虫又叫列队毛虫，它们常常在一位队长的引领下，首尾相接，浩浩荡荡地进行长征，啃食路经之处的树叶。观察实验中，法布尔把松毛虫长征的地点从草地上移到了一只圆形花盆的边沿，他原以为它们能打破固定的行进模式，找到不远处的松叶和回家的路。然而，几天过去了，松毛虫却仍然首尾相接，绕着花盆边沿不停地兜圈，最终因为筋疲力尽而全军覆没。

不愿打破固有模式、不去寻找突破口就意味着死亡，这对不健康的人际关系同样适用。也许，你正在做着一场无谓的长征，和棘手之人的较量令你精疲力竭，你不停地在问题中兜圈，无法取得突破。请不要灰心，人类的行为习惯并非不可改变，至少不像松毛虫那样难于改变。不过，它们的问题在于不敢走错一步，而你的问题则在于能否停止长征，彻底打破恶性循环。

请回答下列问题，如果你的答案中出现了肯定的回答，就说明你的人际关系出现了不平衡：

1. 对方的言行左右着你的心情？
2. 你紧张对方是否足够关心你？
3. 对方对他人的肯定会让你不快？
4. 你念念不忘对方曾经伤害过你？
5. 向对方说："你让我感到……"这句话时，你大多以负面词汇结尾？
6. 你自觉受到了对方的辖制？
7. 这段关系令你煞费苦心、没有安全感？
8. 你身心受伤？
9. 做什么或没做什么，你都会有负罪感？
10. 你总是为对方的行为生闷气？
11. 你无法得到对方的肯定？
12. 你感到努力也是白费力气？
13. 为了对方，你会去做自己讨厌的事？
14. 对方向他人伸出援手会令你不安？

如果你给出的答案是肯定的，即使只有一个，也说明你的思维方式和行为能力受到了限制。互相依赖是健康的，共同依赖则不健康。如果你与某人的人际关系出现以下特征，则表明你们的关系正由互相依赖向着共同依赖发展：

1. 一方极度依赖另一方，以至无法离开对方独立生活。
2. 一方过分关注另一方，缺乏安全感。
3. 对方做什么或没做什么，你都会有反应。
4. 为了改变对方煞费苦心。
5. 不是责怪对方，而是迁怒于其他人。
6. 你们的相处缺乏笑声和朝气。

互相依赖是健康的，共同依赖则不健康。

判断你与某人的关系是否健康，首先你需要弄清问题是否是由于你的期望值过高造成的。请判断对方是否具有如下行为表现，每一条描述代表1分，得到的总分如果高于5分，说明你们的确处于不健康的关系中，总分值越低说明关系越健康，越高说明关系越不健康：

健康<   >不健康
1 2 3 4 5 6 7 8 9 10 11 12 13 14 15 16 17 18 19 20

棘手之人的行为表现：

1. 拒绝倾听别人对事情的看法。
2. 对小事小题大做，对大事却不以为然。
3. 凡事都得听他的。
4. 自我为中心，只考虑自己的利益。

5. 要么固执己见，要么刻意贬低自己，不予置评。

6. 常常自损、自伤。

7. 不讲理。

8. 缺乏安全感，反应消极，喜欢控制别人。

9. 不足以信赖。

10. 极度的自尊或自卑。

11. 标榜自己的能力凌驾于别人，对别人的观点横加批评。

12. 意识不到自己的言行造成了伤害。

13. 唯恐天下不乱。

14. 煽风点火。

15. 迁怒于其他人。

16. 利用内疚感牵制别人。

17. 要么不认错，要么一个劲地道歉。

18. 不负责任。

19. 利用钱权等手段操纵别人。

20. 认为为达目的可以不择手段。

◇你的态度很重要◇

古罗马帝国时代的人们非常重视饮用水的质量问题，这一点很好地体现在那一时期的各种桥梁、水道和蓄水池的建设上，即使是规模最小的城镇，这些也是必不可少的水利设施。法国的加尔省至今屹立着始建于公元前1世纪的加尔桥，这座三层石拱桥高约48米，长约360米，整座桥完全不用砂浆浇注，而是用巨型石灰岩砌成，有的岩石重达6吨。桥身其余部分则由铁架支撑。当年，工人们利用绞车将巨石安放到了现在的位置上，堪称人类建筑史上的奇迹。

今天，当你站在桥下数十米处仰望这座宏伟的古桥时，会不禁感叹："经历了无数岁月的洗礼后，它怎能屹立不倒呢？"其实，答案很简单：它是一座步行桥，而非车用桥。因此，如果让一辆十八轮的牵引式挂车驶过加尔桥，后果将不堪设想，它一定会在轰然巨响中化为一堆尘土。

不健康的人际关系就像加尔桥一样脆弱，日复一日，年复一年，误解和伤害无情地侵蚀着它。表面看来，它似乎还是老样子，但一旦遭受重压，就会轰然坍塌。试想，当你怀着愤懑不平的心情入睡，早晨带着这种心情醒来，并且一整天都受到这种情绪的折磨，你们的关系怎么可能安然无恙呢？

也许你会说，世界本就复杂多变，人际关系的破裂很难说是哪个人的错。事实上，双方都同样对问题负有责任，双方也都能发挥极大的作用。也许主要责任并不在你，但，一旦你意识到你们的关系出现了问题，便在其中扮演着不可取代的重要角色。这么说吧，在人生道路上遇见了谁，可以说是命运的安排，或是旁人无意间的作为，但如何对待及回应此人，则是你责任范围内的事。

你也许心存疑虑，人真的能改变吗？具体说来，你生命中那些让你感到棘手的人，或者说你自己，能改变吗？答案是肯定的。蜥蜴无法改变身上的斑纹，而你却可以改变自己的行为方式、表达方式，甚至改变自身的个性。只要有一份决心，正确的引导，一点帮助，以及主动调整期望值的意愿，假以时日，你完全可以改变自己。当然，你也许会遭遇很多打击，梦想可能化为泡沫，但你付出的所有努力都不会白费。哪怕对方永远不改变又能怎样呢？改不改变是他自己的问题，而你已经变被动为主动，变消极反应为主动回应，这就是一笔合算的投资，至少你这一方已经得到了解脱。要知道，一笔投资的回报率如果能够达到百分之五十，便算是稳赚不赔了！

健康人际关系箴言：

1. 不健康的人际关系是由两个人共同造成的。

2. 互相依赖是健康的，共同依赖则不健康。

第四章
搞清楚自己想要什么

老虎伍兹的父亲艾德·伍兹决定培养儿子具备两种能力：高超的球技和坚韧的毅力。他这样写道：

老虎两岁那年的一天，我们在海军高尔夫球场打球。第二洞老虎把球打到了一旁的树干上。

我问他："老虎，下一杆你准备怎么打？"

老虎回答："爸爸，这些树太高了，我没法让球穿越树林上空。"

我问："那么，你可以怎么做呢？"

"我可以绕开树林击球，但是那个大沙坑阻挡了球的去路。"

"好的，你还可以怎么做？"

老虎朝左边看了看，说："我可以先把球打进球道，然后把它打上果岭，之后再把它推进洞，标准杆。"

我回答："儿子，这就叫高超的球技。"

长大成人后的老虎伍兹球艺精湛，多次在大型公开赛事中夺冠。1996年，奥兰多迪士尼世界锦标赛期间的某个星期五，老虎翻看着报纸上的体育版面，平静地对我说："老爸，今天要想夺冠的话，我必须打63杆。"

我说道:"那么,就这么办吧。"

比赛结束后,我问老虎:"多少杆?"

"63杆。"

想要挽救一段关系,你应该效仿老虎伍兹赢得比赛的态度:确定你要什么,然后弄清如何得到它。没有比优柔寡断的态度更能扼杀人际关系的了。

你应该怎么做?是留下还是离开?这是人际关系中最大的瓶颈。没有人能替你作答,作为旁观者,我只能说,在作决定时,人们往往采取两种态度,一是谨慎地权衡利弊,然后果断地作出正确的决定;二是优柔寡断,这种不负责任的态度只能把人际关系带进死胡同。

研究表明,以前的冲突模式往往会被人们带到以后的生活中去。我们常常看到,无论选择维持还是结束关系,人们的心情都没有因此有所好转。也就是说,无论决定留下还是离开,大多数人的思维方式和情绪仍会停留在过去的消极经验中,无法抽离。统计数据显示,在首次离异的人群中,只有百分之十的人在离婚后的十年内重建了稳固的婚姻关系,只有百分之二十五的人成功避免了二次离异情况的发生,而能够成功重建第三次婚姻的人数就更少了。

不幸的是,许多人往往会选择第二种态度,因为它比主动解决问题要轻松得多。这点在育有子女的婚姻关系问题中尤为明显。夫妻双方都害怕承担责任,不愿做出必要的妥协和牺牲。一部分勉强维持婚姻关系的人,实际上是在寻找一脚踏两船的掩体,对外既能拥有名义上稳定的家庭,私底下又能享受出轨带来的刺激。还有一些人虽然表面上一直为对方做着自我牺牲,却不情不愿,心怀戒备,他们其实是想向对方表示:我为你付出了这么多,可你是怎么对待我的?你轻视了我的价值,践踏了我的自尊。

勉强维持关系未必就是正确的决定,除非双方都愿意努力使双方关系朝

第四章　搞清楚自己想要什么

着好的方向发展，否则就不是明智之举。现在我们来分享一封来信，它很好地说明了这一点。

亲爱的伊丽莎白：

　　我非常认真地读了你的处女作。虽然没有经历过丧女之痛，但我经历过的痛苦绝不亚于此。在我和弟弟还小的时候，父母的感情就已经彻底破裂，但考虑到我们，他们还是勉强维持婚姻关系。这样做非但没有使情况好转，相反，家里笼罩在一片死寂之中。每个人都各忙各的，生怕招惹别人的事，更别说是彼此亲近了。爸爸和妈妈总是在卧室里高声争吵，伤人的话每天都会传入我和弟弟的耳中，这种生活真是糟糕透顶！我和弟弟深受其害。妈妈总是煽动我们去和爸爸唱对台戏。爸爸则总是尽量不待在家里，万一在家，他就以处理工作为借口，躲藏在一堆文件后面。他总是申斥弟弟，对我则视而不见。妈妈一旦为我们做点什么，就会唉声叹气地抱怨："这些事应该是爸爸做的，但他不愿和我们在一起，所以都得由我来做了。"每天看着爸爸大发雷霆，妈妈以泪洗面，我和弟弟产生了一种错觉，觉得自己是谋杀父母幸福的凶手，是父母人生道路上的绊脚石。

　　那时，我常常祈祷父母离婚，或是自己可以住到朋友家里去。因为只有这样，我们才有可能快乐起来。父母感情的疏离消极地影响了我们，我从不记得家里有过温暖和笑声。可以说，父母除了让我知道婚姻生活可能成为人间地狱以外，从来就没有教过我什么。每当我想起自己的父母和童年时光，都感到无比哀伤。

◇作出抉择◇

如果说只要付出努力就能挽回良好的人际关系，我相信大多数人都会选择维持关系。因为没有人会介意付出一些艰苦的努力，得到一份有保证的回报。但问题是，并没有绝对的保证。没有现成的量表能告诉我们，付出了几分努力，就一定能获得几分回报。所以，我们紧紧抓住对方，央求，指责，仿佛失去了他，我们的生命就会终结。如果能够懂得何时应该坚持，何时应该放手，岂不是件好事么？

为一段关系付出的时间和精力越多，结束关系时就会感到越痛苦。放弃它对我们而言，意味着承认自己很失败，遭到了拒绝，逃避了应尽的责任和义务。因此，大多数人宁愿维持关系。而其中一些人愿意做出必要的妥协，接受无法改变的现实。他们意识到包括自己在内，每个人都是不完美的，了解坚韧与以德报怨的意义，甚至愿意去包容对方不可爱的地方，而不怀有一丝怨恨和敌意，难道还有哪一种爱比这更伟大吗？他们不仅让自己得到了解脱，也成为了所有人的指路明灯。

决定一段关系的去向就像决定是否要做眼科手术，你绝不会轻率地把自己的眼睛交给医生，而是一而再再而三地考虑究竟是否需要动手术，就算最终决定要做，也还是会为其成功祈祷。你最终宁愿忍受种种不适、不便、情绪波动和可能出现的风险，是因为手术可能为你带来希望。对于一段人际关系，你也是怀着相同的心情，盼望自己的决定能带来新的希望。

每次讨论这个问题时，我都会听到这样的声音：我别无选择！我听到了各种各样的理由：为了孩子我不能离婚。就算他把我家搜刮一空，我也不能

第四章　搞清楚自己想要什么

赶他走，谁让他是我的弟弟呢？我不忍心对孩子太严厉，离开我他会怎么办呢？丈夫升职了，我却仍然是个家庭主妇，我的未来在哪里？我不能不顺从父母的决定，我亏欠他们的实在太多。一走了之是不道德的，我必须留下。

怎样才能让这些人认清现实呢？你当然有权选择！你应该这样问：我究竟应该维持现状还是作出改变？推脱别无选择这种态度本身就有问题。自然，推卸责任比积极地解决问题要容易得多，但它会蒙蔽人的双眼，让你自居为受害者，自认无力改变处境。

我的父亲洛依与癌症病魔抗争的经历证明，战胜任何一场人生战役都需要付以坚韧不拔的勇气。洛依知道，必须坚持才有可能生存，必须放手才可能生存得好。当时，他的病情一度急转直下，他整个人甚至陷入了半昏迷状态，在重症监护室里一躺就是两个月，医护人员用先进的医疗设备尽量减轻他的痛苦，为他争取时间。我的丈夫保罗明白，自己能与之并肩作战对岳父而言十分重要。因此，明知很可能得不到答案，他还是不断地询问岳父："洛依，是坚持还是放弃？"与化疗反应、术后感染和手术后遗症斗争了许久之后，父亲终于睁开了眼睛，用笔写下两个字："坚持。"表面看来，是良好的医疗设备和精心的护理维持着洛依的生命，但归根结底，是他自己要生存下去的强烈意志拯救了他。

此后，洛依在世上继续生活了四年时间。正因为当时他没有放弃，才有可能打赢这场生命之战，他没有感慨自己失去了健康，没有怀念自己曾精力充沛，没有执著于过去的生活方式。他放弃了不切实际的幻想。有时，唯有放弃一些东西，才能坚持另一些东西。

洛依的问题是疾病，你的问题是人际关系。二者十分不同，但也有许多相同点。洛依不喜欢生病，你也不喜欢和棘手之人纠缠不清；洛依希望自己能好起来，你希望能平静地生活；疾病超出了洛依的控制范围，他不得不寻求外界的帮助，你也需要外界的帮助来冷静客观地看待局面；洛依站在十字路口，必须抉择是要继续与病魔抗争，还是向死神让步，你也必须决定是要在困难中得过且过，还是要做个了结；洛依渴望病情好转，你也渴望关系能够好转。他哀伤，你也哀伤；洛依必须抉择，你也必须抉择。

无论是心怀怨恨地维持一段关系，还是结束关系后却念念不忘对方的过错，都属于球艺不佳的表现。唯有掌握自己人生赛场上的发球权，作出正确的决定，并信守到底，你才能找到真正的快乐，这种快乐是外在环境的改变夺不走的。

有时，这一抉择事关重大，涉及离异、虐待甚至攸关生死，但你依然拥有选择权。不管外在环境如何，都不要抱怨命运不公，虽然没有得到你想得到的东西，但还是要看到生活中的闪光点。你是否掌握着人生发球权？是否具备高超的球技和坚韧的毅力？是否了解每种选择带来的利与弊？如果答案是肯定的，你就一定能获得成功和快乐！

◇两难之间◇

当某人令你丧失自我，感觉无法正常生活时，结束与其不健康的关系再正确不过了。有些人际关系虽然耗费精力，有所限制，但不会使你彻底失去自我。然而有些人际关系问题过于严重，造成的伤害如此巨大，以至你的精力被耗尽。对方严重地伤害你，肆意打击你的自信心，为你加上莫须有的罪名，经常把你弄得一头雾水。此时，维持这段关系意味着必须放弃你的个人意志和认知，这种代价过于高昂。这种关系就像是瘟疫，不仅伤害你，也会伤害你所关心的人。为了你们的身心健康着想，离开对方才是负责任的表现。

人际关系健康的标志是允许个人意志的存在。健康的人际关系鼓励个性化，鼓励承担责任和培养独立性，而病态关系则鼓励依赖性。适度的让步在人与人的交往中是必不可少的。然而，如果被迫盲目听从别人的要求，完全没有机会发表个人意见则是病态关系的表现。你不是不可以为另一个人放弃自己的想法和需要，但这必须是你自主决定的结果，而不是迫于压力。单方面地为对方付出，言听计从，不只是病态而已，更是一件严重的事，因为除非是你的心理状况不健康，否则你不会这样去做。

兰迪的自我正渐渐死去。他说："这么多年来，我总是想方设法取悦父母，尽管如此，我仍然自认为不是个好儿子。爸爸妈妈不喜欢我的未婚妻，因此我放弃了和她结婚的计划。五年前，我离开家乡，到北卡罗来纳州工作，平时经常打电话回家，也时常回去看望父母，尽一切所能安抚他们。不过，虽然他们嘴上不说，但我还是感觉得到他们很受伤，所以我正在考虑辞掉工作，搬回家去住。"

多年来，兰迪一直过得很辛苦，父母以阴晴不定的态度左右着他，他却毫无原则地顺从父母。为了他们不切实际的期望，他宁可放弃个人意志。可以说，兰迪允许父母的意志代替自己的意志。

举兰迪的例子，我的意思并不是说，一个人要保有个人意志就必须结束一段关系，而是说，我们必须以成年人的姿态站立起来，不是出于歉疚履行责任，而是自愿为自己的行为负责。兰迪的身体虽然离开了家乡，但他的情感却从未离开，他极其依赖父母，缺乏独立性。兰迪的问题并不完全是父母的过度保护造成的，兰迪一直拥有屈从父母的想法，因此他自己也有责任。实际上，兰迪更需要拿出明朗的态度，掌握自己人生的发球权。

◇信守决定◇

如何判断某段人际关系是否还值得你为之努力呢？你可以试着回到下列五道题目来判断。

1. 怎样做有利于你？
2. 怎样做有利于你关心的人？
3. 继续这段关系，你无法忍受的是什么？
4. 结束这段关系，你情愿失去什么？
5. 除非如何，你才会考虑保持这段关系？

人类的感情时常经历疲软时期，像是泄气的轮胎，以至让车上的人感觉到颠簸。我们常常发现彼此间的爱意在减退，甚至蓦然惊觉当初的爱已不复存在。如果你正在读这本书，我猜想，你正经历着人生列车颠簸甚至是全然停顿的时期，苦苦思索自己是否值得再有所付出。不过，和洛依一样，你也必须拿出决断力和勇气来作出决定。

洛依的决定改变了他的命运。从某种角度来说，如果当时他选择放弃，对所有的人而言未必不是一种解脱，然而最终的决定还是得由他来作。虽然这个决定带给他许多的艰辛，但他教会了家人，如何有尊严地活着，如何有尊严地死去。洛依给我们树立了一个榜样，他既然能够战胜如此巨大的人生苦难，那么我们也可以战胜任何一种困难。一分耕耘一分收获，长远看来，我们的努力绝对是值得的。信中那对父母之所以失败，是因为他们没能信守决定，洛依与他们的区别就在于，他作决定，也信守决定，为之竭尽全力，义无反顾。

> 成功的基础在于信守决定。

一位女士去找婚姻咨询师，想要挽回自己十五年的婚姻。咨询师说，她的问题出在她单方面地付出了太多。

"以后我再也不会对他这么掏心掏肺了！"她大声地抗议。

认为经营人际关系无须任何妥协或牺牲无异于异想天开，而百分百地付出也不一定是件好事，前提是，它是建立在彼此尊重的基础上。这位咨询师不恰当的措辞使听者走入了误区。他的本意应该是：这位女士长期单方面的付出，使她成了婚姻关系中的一张地垫，扮演着任人践踏的角色。在相互的人际关系中，永远都会有践踏别人和受到践踏的人。当一方对另一方卑躬屈膝，双方的关系不可能健康发展。

我绝不轻易建言夫妻离婚，孩子离家或父母放弃叛逆的孩子。但如果证据表明，一个人遭受到肉体或精神上的虐待，以至无法正常思考，甚至于，如果不与对方保持距离，他便无法正常生活下去，那么我会那样建议。说到底，维持还是结束一种关系，要看当事人能否面对维持关系或结束关系之后的状况。如果这段关系实在无药可救，那么请回首过去，总结经验，调整方向，经营另一段能带给你满足感的关系吧。无论你多么希望挽回，有的关系注定无法拯救。

用现实的眼光看待你的过去、现在和未来吧。其实，无论是维持关系或是结束关系，只要能够信守正确的决定，你都能从中获得重要的人生历练。

怎样断定你不值得为之付出，应该结束这段关系？

1. 在与之相处过程中，你的个人意志被剥夺，心理健康受到损害。

2. 对方虐待你的身体。伤害一旦越界，就会成为实质性的虐待。

3. 你已心力交瘁。

4. 你关心的人也受到对方的虐待。

5. 维持关系意味着放弃尊严。

6. 你能面对结束关系后的状况。

怎样判断应该维持这段关系？

1. 这种关系还有希望。

2. 没有丧失自我，你的存在能带给其他人希望。

3. 你能面对维持这段关系之后的状况。

冷静下来，作出正确的决定，你才可能看到希望，开始新的旅程。反之，如果无法以成熟的姿态主动解决问题，那么就算开始另一段关系，你也同样会遇到问题。走任何一条路都需要付出代价，被动的态度只会抹杀关系好转的希望，让你备受伤害。想要拿回属于自己的人生，就必须信守决定。在人生的道路上，无论想得到什么，都需要先做一件事：决定你要什么。

> **健康人际关系箴言：**
>
> 1. 有时候，唯有放弃一些东西，才能坚持另一些东西。
>
> 2. 成功的基础在于信守决定。
>
> 3. 用现实的眼光看待你的过去、现在和未来。

第五章

除去内心的刺

　　人际关系问题不是一天两天形成的，加上日常生活中，人们本就容易沟通不畅，互相逃避和埋怨的现象屡见不鲜，因此尽早发现问题就很困难。但如果你正身处不良关系之中，那么当你看到有人的婚姻走到尽头，父母与孩子形同陌路，有人心灰意冷地辞掉工作，朋友日渐生疏时，便会了解这种疲惫而又无奈的感受。

　　让你感到棘手的人不仅破坏你们之间的关系，也破坏你和其他人的关系。你曾付出这样多的精力和感情，想要改变对方，但他却毫不领情，一想到这儿，你不禁黯然神伤。你讨厌自己总是郁郁寡欢，满腹歉疚。你希望与对方友好相处，但也希望自己身心健康，能正常地生活。痛定思痛之后，你作出一个决定：维持关系，同时要让自己快乐起来。

　　想要实现这个目标，你必须先做一件事：除去内心的刺。这些刺是指期望遭受打击而留下的伤痛。如果不正视这些伤痛，我们可能意识不到它们的影响力。许多人认为，这样做会使自己心如乱麻，认为无视它们的存在，久而久之便不会再感到痛楚。殊不知，这些刺只是掩盖了起来，并不会自行痊愈，只会愈加恶化。

虽然会带给你短暂的痛苦，但正视内心能够让你看清现实，体悟到如果不能主动让梦想实现，就只能把它抛之脑后。强迫对方满足你的需要是没有用的。并且明白对方无法给你全部，不能总是依靠其他人来满足你内心的需要。

当你这样去做的时候，会觉得自己像是骑在马背上。失望和伤心的回忆一次又一次把你颠起，你从未体会过如此复杂的心情。然而，也因此第一次正视了自己的内心，看清了让你无法释怀的究竟是什么。

此时，你需要给自己一点鼓励：虽然现在很困难，但和所有的困难一样，这个关口总会过去。到时，我会成为一个焕然一新的人，自由的人。人际关系的真谛在于：双方一起努力经营美好的关系。它并非空中楼阁，也不可能和我所期待的一模一样，但过去的一切都可以成为未来的借鉴。我相信，最后的结果一定比我预想的要好。

◇期望遭遇现实◇

金妮向我诉苦时这样说："婚姻生活跟我当初想象的天差地别！我和丈夫根本没法沟通，我不明白，我已经把想法说得再清楚不过了，为什么他就是听不懂呢？他根本不值得我信赖。天啊！两个不同的人生活在一起真是太困难了。当现实把你的幻想打得粉碎，你该怎么办呢？"

曾经有一位憎恨自己弟弟的女孩和一位控诉儿媳种种不是的婆婆来找我寻求帮助，金妮的问题从本质上说和她们并无二致。她们都抱怨某人破坏了自己对亲密关系的美好憧憬，当她们发泄完怨气，冷静下来时，也都不约而同地发出一个疑问："我的想法究竟是对是错？问题会不会是出在我身上呢?"是的,在抱怨对方之前,你需要弄清一件事:是你有错,他有错,还是你们两个人都有错?

从很大程度上说,你与他人之间的关系能否令你满意,关键在于你看待它的眼光是否实际。现实生活并非童话。在童话故事里,王子杀死了恶龙,解救了美丽的姑娘,两人深情一吻,互相依偎,身影消失在夕阳的余晖里,永远幸福快乐地生活在一起,一切的噩梦随即宣告结束。童话故事往往有着大团圆结局,但在现实生活中,却没有能医治人际关系问题的灵丹妙药,一切皆需付出艰苦的努力。因此,你必须弄清哪些期望是符合实际的,哪些又是不切实际的,而不是等待可望不可即的事情发生。心智成熟的人懂得根据现实调整期望值。

◇谁能满足你的需要◇

面对让你抓狂的人,如果你一心指望他能照顾你的情绪,满足你的需要,那么你一定会崩溃。很多人希望别人能配合自己的需要,如果事与愿违,就深感困惑,愤愤不平。金妮的问题并非丈夫不够体贴,而在于她的要求过高。她误以为,让她感到快乐是丈夫单方面的责任。

常常,我们清楚对方为何有所为有所不为,但还是不由自主地感到受伤。说穿了,就算对方完美地符合我们的每一个标准,我们也还是会去挑剔他,因为除了你自己,世上根本就没有第二个人能真正满足你的需要。快不快乐完全掌握在你自己手中。

偶尔发生争执是正常的,但如果经常大吵大闹,那么你们的关系确有问题。没有什么方法能立竿见影地修复人际关系，我只能告诉你应该如何积极地解决问题。

请正视自己的内心，回答下列问题：

1. 我们是否总为相同的事发生争执？
2. 我觉得我们之间缺少了什么？
3. 我们对彼此的期望有所不同吗？
4. 我的态度有助于解决问题吗？
5. 我们是偶然争执还是频繁争吵？
6. 维持关系的前提下，怎样才能满足我的需要？
7. 我怎样才能快乐起来？

快不快乐是你内心的一个决定，明白这一点，你就不会把矛头对准别人，而是面对自己的真实感受，找到问题所在，只有这样，你才能拥有真正的快乐。

◇满足你的需要◇

通过一些外在途径满足自己的需要是很好的选择，只要方式健康积极，都是可以的（譬如用吸毒、酗酒等消极方式麻醉自己则是绝对不可取的）：

1. 培养兴趣爱好。
2. 参加课程班。

3. 做义工。

4. 做运动。

5. 用你喜欢的方式，如看书、到公园散步、看展览、看电影等放松自己。

6. 筹划特别节目，比如旅行、派对、节日庆祝会。

7. 乐于助人。

8. 尝试了解你的邻居。

9. 结识新朋友。

10. 打电话、留便条对他人表达谢意。

在英文里，"胜利者"（victor）和"受害者"（victim）只有两个字母之差。能否放下不切实际的期望，决定着你能否在棘手的人际关系中安然自处。其实，从许多方面来看，人际关系出现问题并非完全是坏事，也是一种契机，我们可以透过它学到何为对，何为错，也因此可以和对方把彼此的关系经营得更加美好。

船只一旦翻覆就无力再次浮起，但人际关系不同，只要坚持片刻，局面很可能会柳暗花明。所以，不要因为关系棘手，就把它连同其中的希望一起抛弃。如果说问题是由于你的期望过高造成的，那么从现在起，调整自己的态度，除去内心的芥蒂吧。你会发现，一切开始有所改观了。

健康人际关系箴言：

1. 在抱怨对方之前，你需要弄清一件事：是你有错，他有错，还是你们两个人都有错？

2. 心智成熟的人懂得根据现实调整期望值。

3. 快不快乐完全掌握在你自己手中。

4. 透过棘手的人际关系，我们可以学到何为对，何为错。

第六章

治愈内心的创伤

记得那句老话吗？"棍棒和石头可以折断我的骨头，但恶言恶语无法伤害到我。"这句话并不正确。人们如果恶语相向，便会造成伤害。施虐者往往打着关心的幌子实施伤害，他们会说：你从来没有做对过一件事，你不够格，你太失败了，太让我失望了。这些话让我们心如死灰。内在的创伤比外在的创伤更加难以愈疗。一颗伤痕累累的心，终其一生都在苦苦寻求肯定，努力表现完美，以此证明"我很好"。

儿时的经历很大程度上决定着我们的自我观感和对待他人的方式。如果在儿时，你备受鼓励，便会充满自信；得到赞扬，就会乐于肯定他人；得到认同，就会为了目标全力以赴；别人对你慷慨相待，你就会乐于分享；如果成长环境充满着公平与诚实，你就会懂得正义和真理为何物；如果儿时很有安全感，那么长大后，你就会对自己和周遭的人有信心；如果别人对你很友善，你就会喜欢这个世界，认为生活在其中是一件美好的事情。

但如果正好相反，你从小遭到否定，成长环境中充斥着谎言和不公，周围的人冷漠自私，你一定会心志消沉，自认是个失败者，而尽量表现完美，以此得到肯定，但就算得到了肯定，你又会患得患失，认为这些不过是暂时的。长大成人后的你，会是一个心怀愤懑、独断专行的人，甚至是一个对生活完全丧失信心的人。

◇你是受虐者吗◇

虐待像一场瘟疫，不仅伤害受害者，还会累及其他人。从小遭受虐待的人会有一种错觉，认为这是正常的人际沟通方式。虽然经过干预，大部分受害者都可以纠正多年来形成的错误观念，改变消极的沟通方式，但这种干预要越早越好。

虐待行为的心理动机是贬损和操控。我们都曾冷不防被一句话刺伤，或为突如其来的拒绝伤透了心。施虐者往往打着关心的旗号实施伤害，受害者则往往一头雾水，弄不清究竟谁才是真正的肇事者，而只是感到自卑，觉得自己一无是处，不可爱，因而习惯逃避责任。

究竟何为出于关心的督促，何为假意关心、实则伤害，的确很难分清。不过，为了你自己、你关心的人以及施虐者本人着想，一旦受到虐待，请立即寻求援助。

如果对方有以下言行表现，说明他的关爱已越过正常界线，成为了虐待：

1. 折磨你的精神和肉体。
2. 对你过分保护。
3. 凡事和你讲条件。

4. 以态度的好坏左右你。
5. 看你的表现决定是否接纳你。

虐待会让你感到无所适从。假如你从小就生活在这种氛围中，就更可能视其为正常现象。当你发现，自己是被对方攻击的唯一对象，你会怀疑：会不会是我太敏感了？会不会是我的错？当身边的人对你受到的伤害熟视无睹，你会想：我会不会太小题大做了？当旁边的人都对这位施虐者大加赞赏，你会更加困惑："我到底是怎么了？"当施虐者口口声声说这是为你好，而你自己却感觉不佳时，你会质疑自己的判断力："问题真是出在我身上吗？是我不够好吗？我应该如何道歉和弥补呢？"

施虐者的借口有：我关心你才会这么说；是你逼我发火的；你不会懂的；我只是实话实说；你太敏感了；我有责任指出你的问题；我说过，没什么好谈的；你不知道我为你牺牲了多少……

多年来，我见到无数人被自己的伴侣、父母、亲人、挚友、老板施虐，自尊备受践踏，以致怀疑自己存在的价值。每当想起他们的遭遇，我都潸然泪下，不能自已。每一个真正关心被虐者的人都有责任帮助其找回自信，以成熟独立的姿态重新站立起来。

以下是一些被虐者的亲身表述，伤害使他们的内心发出了强烈的呐喊：

我宁愿他对我拳脚相向，就算我肋骨断裂，嘴角淌血，遍体鳞伤，至少我能知道这不是自己的幻想，我的确遭到了虐待。

老板说得对，我的确不该做个软骨头。

我们坐在车里，他指手画脚地恐吓我，捶打方向盘，对我整整叫骂了一个小时，当时我只想做一件事，打开车门，一头摔死自己。

一次外出的途中，我儿子坐在车里烦躁不安，哭闹起来，父亲感到心烦意乱，于是把我俩扔在陌生小镇上的停车场里，自己开车走了。

妈妈已经尽力了，问题出在我身上，我不是个好孩子。

请注意，如果你把所有的责任都揽到自己身上，任由别人贬低你，看别人的脸色行事，断定没有人重视你的想法而保持缄默，那么，这些都说明你的自尊遭到了严重的践踏。

◇受虐者的反应◇

在虐待特征不太明显的情况下，我们很少会捍卫自己或去纠正对方，而是茫然无措，不知对方是否是在伤害我们。因此我们大都和颜悦色，尊重权威，尝试着从他人的立场看问题，害怕一旦有所反应，便会激起对方的不满，使自己遭殃。

不过，对于下面这类负面评语，我们的确应该提高警惕：胖墩儿，你不会是想吃双份吧？亲爱的，你几时才长得大呢？来见见我儿子，他狡猾着呢！我老婆长得不咋地，烧饭可有一手！儿子，你的体格可没你弟弟的棒。我丈夫笨死了。

我们受到虐待时，一般会表现出如下一些特征：

1. 压抑真实感受；
2. 逃避让你感到痛苦的人和其他人；

3. 个性畏缩；

4. 爱批评；

5. 爱发脾气；

6. 喜欢自损；

7. 经常无谓地认错；

8. 害怕得不到肯定；

9. 内心阴郁不快乐；

10. 凡事都往坏处想；

11. 认为只有表现好才能被接纳；

12. 喜欢独处。

虐待行为不会自行终止。一方面，受害者的自尊会不断受到打击，另一方面，施虐者会愈加沉迷于这种恶行。想要打破恶性循环，首先必须知道虐待是错误的。不管被虐对象是否只有一个，发生在家里还是工作场所，伤害别人都是错误的。允许自己一再受到伤害只会让你丧失自我。如果你受到来自配偶的虐待，你们的孩子很可能受到可怕的影响，从而成长为又一个受虐者或施虐者。

虐待是一而再再而三的伤害。一位离异后重新组建家庭的女士向我诉苦，她被自己的婆婆当做外人，后者刻意冷落她，完全不把她当成一家人。比如说，对丈夫前妻所生的孩子，婆婆时常会送上礼物，而对她所生的孩子，婆婆很少准备礼物，并且辩称："他的玩具都堆成山了，我又何必再买呢？"不仅如此，婆婆还对她做的每一件事都表示反对。这位女士曾经想要打破僵局，于是鼓起勇气，询问婆婆为何能把玫瑰种得那么好，婆婆冷笑着回答："得了吧，亲爱的，种玫瑰需要持之以恒的耐力，你永远也办不到。"

我问这位焦头烂额的儿媳，她的婆婆是否总是如此刻薄。

"是的，她总这样！"她大声说。

第六章 治愈内心的创伤

"你很幸运！"我回答，"因为你知道婆婆伤害了你，说明你也知道，有问题的那个人是她，不是你。"

心智成熟的人懂得为自己的言行负责。这位女士懂得尊重他人，但她也同样需要别人的尊重。一个人对另一个人刻薄并不是小事，如果让这种消极行为影响到自己的孩子，就更是错上加错。

请大声读出下面的宣言并切实履行：

1. 我不是失败者。
2. 我会为自己的行为负责，而不是怪罪其他人。
3. 我会真实地表达自己的感受。
4. 如果不能平等对话，我拒绝让步。
5. 我会尊重别人，但也必须得到别人的尊重。
6. 我会培养自己的兴趣爱好。
7. 我会设立界线保护自己。
8. 我会面对现实。
9. 我会出于关心履行责任，而不仅是尽义务。

我们不仅需要对自己的言行负责，也有责任保护自己不受他人言行的伤害。允许别人伤害你，只会令你情绪失控，把矛头对准所有的人。我常常让身处棘手关系中的人把自己想象成一只旋转中的陀螺，然后再提出一个问题："是谁让你转动起来的？"因为一旦弄清这个问题，你就知道该如何打破恶性循环了。人们之所以受到对方的牵制，是因为不懂得设立界线保护自己。如果你拒绝受到对方的左右，他便无法把你耍得团团转了。面对生活中的这些状况，你会作出怎样的决定来保护自己呢？

因为你在乎：让彼此快乐的相处之道

情景一

圣诞节前，比尔的父母邀请他们一家人到他们的住处共庆佳节，并且约定，所有的人必须在圣诞节当天上午的十一点整准时到达。比尔一家很乐意到访，但他们觉得一大早就要出门，影响了自己家的团聚时光。

决定一：就按父母定的时间去。他们年事已高，在世的日子已不多，应该顺从他们。

决定二：表达谢意，同时说明自己方便何时到达。如果父母不同意，就留在自己家中享受团聚时光。也可以邀请父母到家中聚餐，或者另外约定前去探望父母的时间。

情景二

老板敲响了帕姆家的门，白天在办公室他忘了让她把一封信寄出去，他想让帕姆晚上做这件事，但帕姆另有安排。

决定一：取消个人计划，毕竟老板的要求更重要。

决定二：表达歉意，说明自己另有安排，并且承诺第二天一到办公室就先做这件事。

情景三

姐姐这周已经第三次打电话来请你帮她看孩子了。她说自己有个约会，虽然不是非去不可，但还是很想去。不过，今晚你自己也有一个重要的约会，如果答应她，就会打乱你的计划。

决定一：答应她，做一个年轻的母亲很不容易，何况是照看自己的亲外甥。

决定二：答复她：今晚不行，不过下次请一定提前打电话来。只要自己有空，都很乐意让孩子们过来。

情景四

一位邻居按响了你家的门铃，最近她经历了重大的人生变故，几乎每天都来找你倾诉，一待就是几个小时。你很愿意帮助她，也知道这比遵守时间表更重要，但你今晚必须要处理一些事情。

决定一：放下手中的事，你怎么忍心告诉她你没空。

决定二：说明今天你有些事不得不处理，请她改日再来。

情景五

你丈夫从办公室打电话回家，说他今天必须加班，因此不能按照约定按时回家照看孩子，以便你外出聚会。

决定一：坐在家里生闷气，抱怨生活的不公和丈夫的不体贴。

决定二：付费找人帮你看孩子，如果找不到就接受现实，毕竟孩子更重要。如果这种情况经常发生，以后就提前安排好找保姆的事。

决定二才是正确的选择，你选择的决定一越多，就越说明你不善于为自己设立界线，也就更可能感觉受到影响。人们习惯于等待问题奇迹般地迎刃而解，如果事与愿违，他们便会放弃。然而，在这个世界上，并没有能治愈心伤的灵丹妙药，只有勇敢地应对才能更快地解决问题。

◇我好吗　你好吗◇

20世纪70年代，美国精神病学家托马斯·哈里森写了一本名为《我好你好：改善我们的人际关系》的畅销书，他在书中提出了四种人际心理健康状态，我为它们配上了相应的手势语。记住，只有第四种才是健康的状态。

人际心理健康状态

心理状态	手势语	标志	关系诊断
1. 我好，你不好	一只手代表你自己，放在另一只手上面	优越感	失衡
2. 你好，我不好	一只手代表你自己，将另一只手放在上面	自卑感	失衡
3. 我不好，你也不好	双手向上举起	双方都感到自卑	失衡
4. 我好，你也好	双手各放一侧	双方的心理都健康	健康

◇施虐者如何看自己◇

施虐者并不认为自己是坏人，他们会为种种恶行寻找借口：我是想帮你，我是关心你，我有这个责任，等等。咆哮的二十年代，美国政府发布禁酒令期间，臭名昭著的黑帮教父阿尔·卡彭公开对抗这一命令，并且心狠手辣地杀害自己的敌人。面对公众的指责，卡彭却感到一头雾水："为什么会有人认为我是坏人？人们想喝酒，我只是在帮他们而已啊。"既然连杀人魔王都不承认自己是坏人，那些既没有杀过人、犯过法，也没有违背道德准绳的人，就更加不会视自己为罪人了。

也许一开始，你的沟通方式是健康的，但它渐渐失衡，使你成为了一个施虐者。如果你具有以下言行表现，即使只有一项，也说明问题是出在你身上。如果数项都符合，请寻求专业心理咨询师的帮助。改变消极行为习惯永远都不晚，不过，我们通常需要借助局外人客观的眼光，来认识这种行为的杀伤力。

施虐者的行为表现：

1. 不断地批评对方。
2. 贬斥对方不同的做法。
3. 嘲讽对方。
4. 当众指责对方。
5. 把自己的想法当做金科玉律。
6. 认为自己天生比对方优越。
7. 伤害对方时推脱："没办法，我就是这么个人。"
8. 漠视对方的感受。
9. 严苛地惩罚对方，并为自己辩护。

◇退出游戏◇

在电影《战争游戏》中，美国政府企图通过电脑程序发动全球核战争。程序一旦启动，便无法再挽回一切。然而，千钧一发之际，电脑却自动关闭了程序，屏幕上弹出一句话："这个游戏挑战性太强，要想获胜，我只好不玩儿了。"面对施虐者，唯一的制胜之道就是退出游戏。

◇帮助自己◇

遭受虐待让你的自信心支离破碎。但是，不要放弃，告诉自己："我可以扭转自我观感，改变与对方的沟通方式。"不管旁观者的态度如何，都要尽量保持头脑清醒，主动地处理问题，同时向外界求助。情况严重时，应与对方保持距离，直到你自信能成熟地面对状况为止。对自己要有耐性，不要因为可能遭遇挫折而有所畏惧。要相信，只要迈出第一步事情就会开始改变，渐渐的你将重拾自信，有力量对施虐者说不。

健康人际关系箴言：
1. 内在的创伤比外在的创伤更加难以治愈。
2. 虐待行为的心理动机是贬损和操控。
3. 人们习惯于等待问题奇迹般地迎刃而解。

第七章
掌控自己的情绪

玛丽一边咳嗽一边说:"我有病,从十四岁开始我就一直不舒服。因此,我没时间交朋友,和周围的人打交道只会令我感觉更糟。"

身边的人会让你生病吗?会。为什么?因为你们会影响彼此的心理、生理状况,甚至共享着相同的身体基因。因此你会听到人们这样表示反感:你真恶心,你让我想吐,我快疯掉了,我的心都碎了,等等。是的,周围的人能使你健康,也能使你生病。

还记得上一次遭遇情绪波动时的状况吗?上班途中遭遇的大塞车让你感到心浮气躁;本来想去打高尔夫球,却不得不留在家里除草,这令你垂头丧气;等等。不过,这些还只是轻微的情绪反应。根据我的经验,能让你产生强烈情绪反应的,往往是伴侣、小孩、父母、朋友、同事、邻居这类与你亲近的人。人是社会动物,我们的思想会受到他人行为的影响。人际关系左右着我们的情绪,情绪则左右着我们的健康。

照这种说法,我们是不是应该躲开让我们血压升高的人呢?如果是苏格拉底，一定会给出肯定的答案！数个世纪前，他和同一时代的古希腊名医希波克拉底就提出，忽视对病人心理上的疏导，会极大地阻碍身体的康复。我们的所思所想构成了现在的我们，也决定着我们未来的状态。今天，诺曼·卡森在《笑退病魔》中指出，消极情绪会极大地影响我们的身体健康，而笑声与鼓励则能发挥巨大的正面作用。耶鲁大学医学院的著名外科医师伯尼·西格尔医生喜欢问自己的病人一个问题："你是因为什么而生病的呢？"虽然也许有些费解医生为什么要这么问，但毫无疑问，心理健康与生理健康之间的确有着重大关联。

研究显示，人际关系问题会大大增加人们患上各种心理生理疾病甚至癌症的风险。1974年，在加利福尼亚州的阿拉米达县，哈佛医学院保健与社会行为学系教授丽莎·伯克曼博士对7 000人进行跟踪调查后发现，社交生活丰富多彩的人，死亡率比少与外界接触的人低一至两成。在密歇根州的蒂卡姆西市，密歇根大学对2 754名成年人进行过一项为期10年的调查，结果也相似：拥有良好社交生活的人，死亡率仅为缺乏社交生活的人的四分之一。

戴维·拉瑟医生是一名精神病学家，为联邦政府研究精神病学十余年，现为国立卫生研究院院长，他说："情绪的确会影响我们的健康。一个从不吸烟的离异者的死亡率，比一个没有离婚、每天平均抽一包烟的人，只低一点点。不论性别或人种，离异者罹患末期癌症的风险远远高于没有离婚的人。"詹姆斯·林奇在《寂寞会致命》(*The Broken Heart:The Medical Consequences of Loneliness*)中揭示，每年死于心脏病、中风、高血压和癌症的单身男性人数，是已婚男性人数的1倍。而离异者的死亡人数是死于车祸及自杀人数的3倍，是死于肝硬化及肺病人数的6倍，是死于他杀人数的7倍，以及死于精神类疾病人数的9倍。

另外，拉瑟医生引用了一份对两万名年龄为18至55岁白人女性的研究报告，证明单身女性患上生理疾病的比例大大高于已婚女性，单身女性因患慢性病卧床的时间也较已婚女性长。每年，离异女性患口腔癌、消化系统癌症、肺癌和乳癌的人数是已婚女性的一至两倍。各种证据表明，人际关系左右着我们的情绪，情绪则影响着我们的健康。

◇情绪对身体的影响◇

大脑会释放出激素类化学物质如血清素，对我们的身体产生影响。这些化学物质的作用是激活神经递质，向神经细胞传导信息。神经递质必须借助化学物质才能完成这一传导过程。化学物质就好比是神经递质和神经细胞之间的火花塞，这就和插头必须伸入插座才能通上电的道理一样。

这些化学物质的神奇之处就在于，它们是否释放取决于我们的行动和思想。比方说，做运动能使身体感受到运动快感，使我们感觉良好。积极的情绪也会激发类似荷尔蒙的产生，使我们身心平衡，心情愉悦。所以说，好心情会带来好身体。

恐惧或焦虑时，大脑也会分泌出相应的荷尔蒙，肾上腺素会上升，让我们感觉到紧张。但当人高度紧张时，身体则会开启自我保护状态，肾上腺素会下降，我们会感到自己的反应变慢了，记忆力和判断力有所下降，说话口齿不清，感到疲倦、冷漠，这种现象有助于我们发现并充分地思考问题，而非肾上腺素飙升，反应失控。

美国杜克大学的研究显示，压力会影响身体康复的速度。心情放松时，组织细胞能更快地修复自己，而紧张时则相反。华盛顿大学医学院的医学研究部证实了这一点，同时指出，在所有种类的疾病中，四分之三的疾病的康复速度会受到压力的影响。

恐惧时，肾上腺素突然上升，你会感到心跳加快、呼吸急促；在困境中，你会垂头丧气；和朋友在一起令你感到温暖；恋爱会让你沉醉不已。是的，情绪会左右你的感觉。处于压力之中，你会感到疲倦、烦躁、冷漠，也许还会生病。这是因为化学物质的分泌有所放慢，阻碍了你正常的思维能力，使你无法打起精神主动解决问题。另外，消极情绪也会阻碍淋巴细胞的生成，从而损害免疫系统的健康。

许多疾病都是由情绪问题开始的。有一个观点越来越被人们认同：你的健康掌握在你自己手中。如果不能用正确的方式处理问题，你的健康将受到损害。研究证实，在遭遇丧偶或丧子等重大人生变故的两年间，人们罹患重病如癌症或中风的情况很普遍。霍尔姆斯—雷赫生活事件量表（*Holmes-Rahe Life Events Test*）反映了重大生活事件对人们造成压力程度的不同，最低分值为11分，最高分值为100分。其中，丧偶为100分，离婚73分，分居65分，亲友离世63分，严重关系冲突45分。同时，生活中的一些好事也会带来压力，例如生育为39分，大学毕业为26分。

在生活中，压力是无法避免的，适度的压力可以成为动力。但遭遇危机或是身处棘手的人际关系之中，尽量减少消极思想对情绪的影响显得尤为重要。就像往电脑里一点一滴地倒水一样，一时间似乎没有什么问题，但迟早会导致系统短路。容许压力侵袭你，势必会危害到你的身心健康。

◇ 做情绪的主人 ◇

与让你痛苦的人相处，我们时常会经历情绪的大起大落，因此，你必须懂得如何保持身心的平衡，正确地缓解压力。产生消极想法是正常的，但不要任自己陷在其中。一位女学员告诉我们她的秘诀："我已经学会了如何抬起唱针，打断消极的声音。"和所有人一样，她无法阻止消极想法的出现，但可以阻断它们一遍又一遍地侵袭自己的头脑。

第七章 掌控自己的情绪

你也许在想：我无法控制自己的情绪，你要是遇到我老板那样的人，也会忍无可忍想要发飙的。让我痛苦的是我的父亲、丈夫、孩子，我无法心平气和，也无法一走了之。

是的，当你与某人有着重大的意见分歧，无法与之友好相处时，你的确无法若其事地生活，但请别再用别人的错误惩罚自己。除了你，没有人能控制你的想法，这直接决定着你的健康。所以，放松心情，大声地说：我是自己的主人！下面是控制思想的一些有益途径：

1. 做运动：促进化学物质的分泌和神经递质的工作，让你感觉良好，头脑清醒，有效地缓解压力。

2. 赞扬自己：面对让你抓狂的人，经常鼓励自己相当重要。

3. 善用内疚感：适度的内疚是有益的，它不是操控他人的武器，而是勇于担责的工具，不是自我惩罚，而是成长的课程。

4. 保持客观：知道谁是引起事端的人，能够有效地减轻你的愤怒。

5. 向能开解你的人倾诉：旁观者清，他的观点能使你豁然开朗。

6. 决定人生方向：没有方向，你哪儿也去不了。

7. 记录感恩日记：记下每天发生的好事。

8. 对你的人生和你的健康负责。

积极进行体育锻炼，凡事往积极的方面想，作出明朗的决定，都有利于减轻压力。也许在很长的一段时间里，你为不良的人际关系伤透了脑筋，而后终于作出了决定，此时你会忽然感到一阵轻松，精神重新得以振奋。是的，你已看清现实，下定决心要有所改变，才会感到身心畅快，但还不要满足于一时的快感，而要继续保持这种热情，这样，在解决问题的整个过程中，你都会不断得到收获。

因为你在乎：让彼此快乐的相处之道

◇鼓励自己和帮助你的人◇

当救援人员抵达事故现场时，他们所做的第一件事就是鼓励伤者："没事了，我们来了，你安全了。一定会好起来的。"面对受到惊吓的伤员，他们努力安抚他慌张的情绪，尽量让他看到希望，往好的方面去想。当然，你的问题并非遭遇事故，但人际关系问题同样如此。只要你克服恐惧和怒气，内心多点耐心，多点希望，一切都会好起来的。

曾经有一段时间，因为不良的人际关系，我开始担心自己的健康状况，多亏了以下几个问题，帮了我很大的忙。它们使我懂得，诚然让我抓狂的那些人给我造成了很大的压力，但如何正确地处理压力，尽量让自己少受到消极思想的滋扰，却是我自己的责任：

1. 上次你躺在浴缸里享受沐浴时光是什么时候的事？你还记得那种美妙的感觉吗？

2. 最近你是否感到过紧张、失落？当时你是如何成功地平抚心绪的？

3. 和某人在一起是否会令你心情不佳？具体说说你的感受。

4. 如果必须选一个人陪你度过一天，你会选谁？和此人在一起你感觉如何？

不要让情绪跟着让你痛苦的人打转，而要自己控制它；要善待自己，要快乐，要常常鼓励自己和那些向你伸出援手的人；同时也要保持一份平常心，记住，每个家庭和大多数工作场所都有那么几个难以对付的人，这也正是人际关系具有挑战性的地方以及特别之处。

健康人际关系箴言:

1. 人际关系左右着我们的情绪,情绪则影响着我们的健康。

2. 除了你,没有人能控制你的想法,这直接决定着你的健康。

第八章

学会设立界线

　　某人试图破坏你的家庭，挑拨你和朋友的关系，影响你的工作和名誉，威胁到你的财产安全，无视你的需要，让你的希望破灭，你要如何控制自己，而让自己不感到崩溃呢？能让你情绪激烈的人通常具有左右你人生的力量。也许，让你气不打一处来的这个人是你的太太，离开她，你会失去孩子；也许是父母，违逆他们，你会遭到全家人的声讨；也许是上司，他先是把你贬得一文不值，然后又逼迫你去做伤害别人利益的错事，你不想做，但又需要这份工作。那么，说出真实想法，或是和对方谈条件，会不会令你失去自己珍视的东西呢？

　　棘手之人之所以棘手，就是因为他们具有性格缺陷，总是把事情弄得一团糟。你表现得再好，付出得再多，再是强势，也不能让青蛙变成王子！那么，你唯一的出路就是压抑自己，得过且过吗？不，压抑情绪有害心理健康。

　　棘手之人似乎具有不可征服的巨大力量，因此你认为自己无力改变处境。但如果不改变与他的沟通方式，你又会继续受到辖制，不仅会失去珍视的东西，还将失去更宝贵的东西——自我。

第八章　学会设立界线

◇抗衡◇

与让你感到棘手的人生活共事，就像是身处压力锅之内，消极情绪无限制地积压，即将爆发。这是不可避免的现象。要战胜它，你必须用强大的意志力来约束情绪。是的，也许你从未得到过对方的尊重与肯定，但你仍然有责任：

1. 对自己的言行及态度负责。
2. 不因压力降低道德标准。
3. 成熟地行事。
4. 尽力履行义务。
5. 作出必要的妥协。
6. 不计回报地支持鼓励对方。
7. 不是感到愤怒，而是为对方感到遗憾。

出现消极情绪是正常的，糟糕的是，如果允许它不断累积，会导致情绪越来越坏，以致失去理智。理智的作用是约束情绪，避免其过分活跃，造成问题。就像父母管教叛逆的孩子一样，避免其过分活跃而犯错。

下面的两个图形说明了二者的关系。正常情况下，理智和情绪保持着完美的平衡。但遇到不公之事时，平衡被打破，情绪把理智逼到角落，理智试图干预，想要稳定情绪，并且暂时性地控制了局面，但情绪不断升级，愤怒、恐惧、绝望，再一次把理智逼到角落，一发不可收拾。

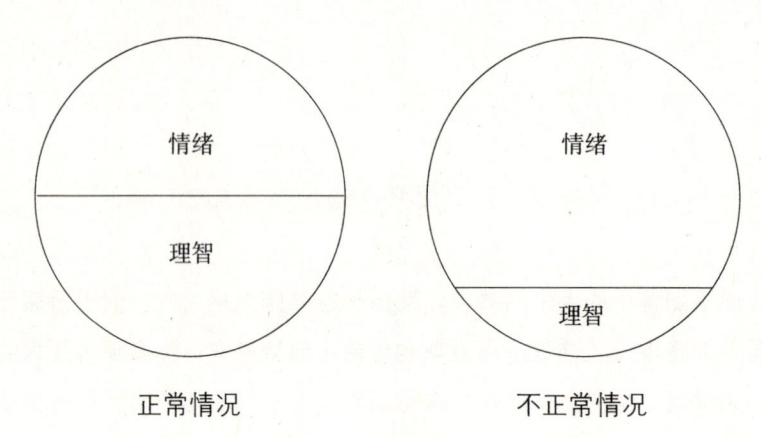

因为你在乎：让彼此快乐的相处之道

正常情况　　　　　　　　不正常情况

学员杰克说道："面对老板的无理取闹，我常常难以自控，真想痛骂他一顿。所以我会先走开，抽根烟，或是来杯酒，冷静一下。"杰克的愤怒和无助让人很能理解，他的确需要先冷静下来，不过，我们还有其他处理情绪的方法。

过去的伤害，现在的问题，都会成为情绪失控的导火索。消极情绪在你的内心一遍又一遍地酝酿，一旦发生冲突，就会爆发。为了获得平衡，理智必须强制情绪恢复常态。

你一定体会过好心情受到冲击，忽然笑不出来的感受。请想象把一只硕大无比的西瓜放进冰箱的情景，西瓜一旦装进去，冰箱里就再也没有空间了。为了腾出空间，你必须把西瓜吃掉。不过，吃得太快，你会胃痉挛，吃得太慢，西瓜又会烂掉，这就跟你遭遇情绪波动时的情况一样。你不可能迅速地化解消极情绪，但听之任之，又会挤掉积极情绪应该得到的空间。

◇ 正确看待情绪 ◇

许多人认为消极情绪是不好的。和某人在一起，如果感到不快乐，就认

第八章　学会设立界线

为你们之间的关系一定是出问题了。这种说法也许有它的道理，所以我们应该尊重并肯定情绪的真实面貌。情绪是一种讯号，就像显示温度的温度计一样，它能提醒我们，别人的行为使我们产生了怎样的感觉。同时，情绪就像是孩子，它们爱玩，容易疲倦，一旦疲倦，就打不起精神。因此，当人际关系问题让你感觉不佳时，应该让自己休息一下，做点别的你喜欢做的事情。

备受肯定时，你会欢欣鼓舞；受到伤害时，你会感到痛苦。这就跟肉体的感觉一样，情绪可以显示你心灵的感觉。受过伤，你就会懂得伤害别人是不对的，勇于面对问题，成为一个坚强的人，并为对方人格的低微感到遗憾。

要与情绪合作，而不要做它的奴隶。如果不能驾驭情绪，你最终将会：

1. 过分关注情绪。
2. 把感觉放在第一位。
3. 形成消极的人生观。
4. 愤世嫉俗。
5. 心胸狭隘，态度幼稚。
6. 喜欢博取同情。
7. 喜欢指责他人。
8. 不分是非地为自己辩护。
9. 想要迅速满足自己的需要。
10. 以自我为中心。

情绪就像是一匹野马，理智就像缰绳，它会告诉你，不要图一时痛快，而牺牲长远的幸福。情绪正好相反，它会要求你立即满足它，即使从长远看来这样做是有害的。理智说，生活中原本就没有绝对的公平，但那又怎样呢？你是打算解决问题还是想让问题变得更糟？除非你能驾驭情绪，否则它将麻痹你，让你做错事。后面我们会再谈到这一点。

◇ 错觉 ◇

人际关系出问题时，你最容易出现以下六种错觉，它们往往成为你拒绝站立起来、积极处理问题的借口。

1.我做不到！

这句话的意思是："如果我能，我一定会去做，但我就是不能。"理智说："你能。"当你相信自己，你就会充满力量，有能力战胜挑战。请大声说："我可以设立界线，我可以站起来，我可以成熟地处理问题。"

2.我是独自一人！

这句话的意思是："没有人遇到过这种问题。"理智说："你不是独自一人。"许多人都遇到过类似的问题，如果你能成功，将会使许多人获益，你也会成为他们的榜样。

3.我不一样！

这句话的意思是："我和别人不一样。"理智说："你是独一无二的，但你和别人也有共同点。其中一个共同点就是，每个人都会遇到关系上的问题。"明白这点，你将获得自由。

4.我要崩溃了！

这句话的意思是："我失眠、健忘，无法正常思考。"理智告诉你："是的，你被伤害到麻木了，但你还是可以正常思考。"

5.我受伤了！

这句话的意思是："我不敢相信他会这样对待我！"我们都会毫无例外地感到受伤。然而，理智说："苦难让我们懂得了何为公平与正义，何为真理与大爱。受苦让我们能够体恤他人的痛苦，并对战胜苦难的人感到由衷地敬佩。"

6. 我错了！

这句话的意思是："我不该那么做。"理智告诉你："要善用内疚感，改变自己的言行。"在所有情绪之中，内疚是最有建设性的一个，它能让你看清现实，为自己的行为负起责任。会感到内疚，说明你是个有责任感的人。

◇警讯◇

有时身处不良人际关系之中，感到无力分析问题是正常的，但应警惕下列想法的出现，它们说明你正沦为情绪的奴隶，如出现下列想法请立刻求助：

1. 我好孤单。
2. 我应该向外界求助，可我做不到。
3. 我认为这样做是正确的，结果却适得其反。
4. 做什么都没用。
5. 怎么做都是错。

6. 我不知该说些什么、做些什么。

7. 我拼命控制自己，却还是失控了。

8. 你要是遇到这样的人也会崩溃的。

9. 又不是我的错。

10. 巴不得他去死。

11. 除非他改变，否则我怎么也好不了。

◇摆脱消极情绪的束缚◇

在消极情绪的包围下，你就像是一个煮鸡蛋。从外表来看似乎没有变化，但煮的时间越长，你的内心就会越硬。心里隐藏了太多的怨恨与执著，以至于有一天，人们会从你的眼神和态度中看到它们。

如果不采取措施摆脱消极情绪的束缚，它们将使你发生一系列的消极变化：

1. 怒气变成暴戾。

2. 忧伤变成痛苦。

3. 难过变成自怜。

4. 关爱变成病态的占有欲。

5. 为了得到回报而关心对方。

6. 做任何事只为得到肯定。

7. 不择手段求得满足感。

因此，你必须重视情绪问题。在第十七章里，我们将会谈到心理咨询这一话题。局外人既能给你客观的看法，又不会对你说教，因此对解决问题很有帮助。另外，有效处理混乱情绪的方式还有许多种。譬如，做运动能赶走坏心情，听音乐能安抚心灵，培养兴趣爱好能让你充实起来，有效地转移注意力，与人交流能让你的思想恢复常态，对工作或爱好投入热情也是一种好的办法。

懂得转移注意力，你就不会老想着那个令你烦心的人。下列建议可以把你从压力中拯救出来，可以浓缩成一句话——拿回属于你的人生。

1. 做义工：帮助别人能培养你的施为精神，而不是执著于所得。每天决心为别人做点什么，一天结束时问问自己："今天我为别人做过什么？"

2. 每天为自己做些特别的事：比如说，布置烛光晚餐，摆放一盘漂亮的水果，用鲜花装点盥洗池，到户外散步，眺望星辰，等等。

3. 生活充实而不忙乱：培养兴趣爱好，学习新技能，时常做些以前没有做过的事，为日常生活注入新鲜的活力。

4. 每天说五次"谢谢"，例如起床时、吃饭前、睡觉前，等等。

5. 平静地说出自己的真实感受。

6. 每天对你身边的人说些积极的话。

7. 写日记：记下一天中发生的好事，一通特别的电话，一个惊喜……任何令你会心一笑的事情。

8. 主动满足自己的情感需要：和关心你的人在一起，跟朋友保持通信，打电话、一起吃饭。

9. 每天抽出时间冥想，阅读一则励志小语或笑话。

10. 每天至少拥抱自己和别人一次。

11. 到户外去：凝望星辰，采撷野花，在公园里看报。

12. 鼓励别人：想想别人有多特别，他们做过什么特别的事，并亲口告诉他们。

13. 每天至少静处五分钟：拒绝任何消极思想的干扰。
14. 每周写一封感谢信：感谢某人以实际言行关心帮助你。
15. 做运动：让大脑分泌荷尔蒙的时候到了。

◇设立界线◇

许多棘手人物不仅破坏你们之间的关系，也会破坏你和其他人的关系，不管你做什么，他都喜欢插上一脚，自诩比你权威，年纪比你大，智慧比你高，说他是关心你才会这么做。在这种时候，你必须站起来捍卫自己。棘手的人际关系是由两个人共同造成的，一个是做错事的人，另一个是允许他这样做的人。

一位女学员和我们分享了自己的经历，她和家人因为孩子的安全问题发生了意见上的冲突，而她处理态度的不当，不仅让问题得不到解决，反而给她的婚姻带来了麻烦。她说："我的父亲做事不顾后果，时常让外孙面临危险。他会让我三岁大的孩子坐在摩托车的后座上，然后发动摩托。他会坐在湖边打盹，任凭孩子在游艇上跑来跑去。这样的举动实在是太危险了。我丈夫因此去找我父亲理论，我明知道父亲不对，却依然跑去为父亲撑腰。"

诚然，身处棘手的人际关系之中，我们的心情往往复杂而矛盾，然而，孝顺并不等于拱手让出决定权。女学员的父亲的确不负责任，但她自己的态度游离不定，放弃了对孩子应尽的义务，所以同样也是不负责任的。处理情绪问题的正确方式有许多种，但有一种是绝对错误的：压抑情绪。

其他几位学员也分享了自己的经历，和那位女学员相比，他们的态度要成熟积极得多。设立界线能让你真实地表达自己的想法，主动地参与到事件当中，而不是被动地受制于问题：

"每次一到感恩节全家聚餐时,我就预感到要出状况。我嫂子是个很难相处的人,每次都对我横挑鼻子竖挑眼,但这次,我没跟她正面交锋,而是让自己去做些别的事情,以此表示我不接招。"

"从前,只要我在家,我太太就会一刻不停地制造混乱,所以我总是尽量多待在办公室里。不过现在,我会主动制止她,虽然她假装一头雾水,但还是停止了无理取闹。"

"过去我总是埋头工作,逆来顺受。但现在,只要是关于我工作上的事,我都会站起来为自己说话,以此表明,我不欺负别人,但别人也别想欺负我。"

◇自控者即胜利者◇

如果你关心让你感到痛苦的人,你可以为他煽风点火的丑恶行径感到惋惜,但不能让你的情绪受到牵制。当你第一次拒绝争辩,为自己设立界线,从而掌握了主控权时,这一时刻是伟大的。

波·杰克森是美国历史上最杰出的运动员之一,曾获美国大学橄榄球联盟最高奖项海斯曼奖,统率奥本大学橄榄球队取得傲人成绩,之后分别为奥克兰突袭者队和堪萨斯皇家棒球队效力。波为年轻球员打气时,总会说起一件曾经发生在自己身上的事。读初一的时候,一个高中生不仅当众欺侮他,更把他打晕过去。苏醒后,波怒不可遏,跑回家,翻出妈妈的手枪,回去找到那个人,用枪指着他。波当时很想扣动扳机,但理智告诉他:"波,杀掉他,你会坐牢。他欺负你是他不对,但你杀了他,不也和他一样了吗?获胜不能靠这种方法。"于是,波把枪挪开,朝树上开了一枪。波战胜自我,成功地控制了情绪,从这个意义上说,他就是胜利者。

健康人际关系箴言：

1. 要做情绪的主人，而不是奴仆。
2. 情绪消极并没有错，但沉溺其中就有错。
3. 请为自己设立界线。

第九章
向过去说"GOODBYE"

弗兰克说道:"我受够了。二十年来,每当我回到家,感觉就像是踏入了地狱。我情愿离婚,情愿付赡养费。我只想到别的地方去,开始新的生活。"

对于婚姻,弗兰克不再抱有任何幻想,下定决心要跨出这片荒凉的情感沙漠,结束二十年来与沮丧和愤怒的角力。他加入了离异者的队伍,成了美国一半离异者人群中的一个,他的孩子则成了单亲儿童,成了五分之三和父亲或母亲,继父或继母及所谓的人生伴侣同住的人之一。

弗兰克原本以为,离婚就能带来新的生活,但却发现自己仍然感到无比怨恨和苦涩,过去的伤痛仍然令自己揪心。他表达了惊讶的心情,说没想到和对方分手已长达十年,以前的冲突模式却依然影响着自己。是的,他的经历再一次证实了研究结论:离异后,旧的冲突模式并未终结,它有所改变,但并未终结。

我安慰弗兰克,他并非唯一一个有这种感受的人。结束一段让人痛苦的人际关系,并不意味着完全获得自由,从而不再受其影响。许多人叫喊着："我再也无法忍受下去了，我必须喘口气！"他们一面结束棘手的人际关系，一面带着一大堆的伤痛仓皇地逃离。他们紧紧抓着一堆情绪垃圾，仿佛失去它们，便无法证明离开的决定是正确的。

临床心理学家朱迪斯·沃勒斯坦和脑科学家桑德拉·布雷克斯利针对60个中产阶级家庭，进行了为期10年的跟踪调查。他在《离异十年》（Second Chances:Men,Women and Children a Decade after Divorce）里，阐释了人际关系的终结带来的负面效应，并且提供了大量的研究数据证实，终结与亲人，朋友之间的关系会大大增加人们患上心理和生理疾病甚至癌症的风险。在离异者中，只有百分之十的人反馈说，在离异后的十年之内，双方都重建了美满的家庭。更为普遍的是，一方重建家庭，而另一方屡遭挫折，不再结婚。另外，近三分之一的儿童因为目睹父母之间的敌对气氛而受到消极影响，在之后的人际关系中都缺乏安全感。

我告诉弗兰克，虽然他慎重地考虑过离婚这个决定，也尽量友好地和对方分手，但是他却犯了十个离异者里九个都会犯的错：不放手。弗兰克不慎把过去的情绪垃圾带到现在，并容许它们玷污了自己的新生活。他无休止地缅怀着过去的一切，懊悔自己的失误，哀悼落空的期望，念念不忘受过的伤，这些夺走了他的快乐。他明白自己不该回头，但又时常止步不前，还不断自问："以前发生的一切太不公平了，我怎能若无其事开始新的生活呢？"

大多数人都有过这种经历，我们下定决心，要把受过的伤犯过的错抛在身后，决心去爱那些可爱的人，不计回报地付出。但过去的阴影却不断影响着我们的生活。就像弗兰克那样，弄洒了牛奶，没有去清理，而是任凭自己多年来一直在里面打滚。离婚十年后，弗兰克终于累了，不再纠缠于究竟谁对谁错，他只想让自己快乐起来。

第九章 向过去说"GOODBYE"

◇不快乐的根源◇

一些不现实的期望是造成关系问题的根源，它会让我们产生下列想法，而且这些想法会变得越来越执著：

1. 现实非我所想。
2. 我想要改变他。
3. 我有责任改变他。
4. 我一定要拯救他。

也许，你关心的某个人正陷在情绪失控、贪食症、赌博、酗酒或者一大堆别的问题当中，你不知道自己能够做些什么，但你就是忍不住想去帮助他。那些不现实的想法深深吸引着你，让你为了一个人、一件事前思后想，焦躁不安。

也许，棘手之人的无理行径让每个人都头疼不已。他自私自利，不守信用，态度恶劣，丝毫不懂得尊重和关心别人。如果不采纳他的意见，不作出让步，他便不分青红皂白批判你，跟你唱反调，其不负责任的态度常常令你无地自容。

虽然你从心底里希望对方能改变，但你害怕面对真相，害怕使别人受到伤害，因此，你会掩饰自己的真实感受，替对方打圆场。比如，你会说：爸爸很想来看你比赛，但今天他有些公事不得不处理；妈妈不舒服，所以今晚不能和我们一起来；亲爱的，你丈夫真的很爱你，他只是不了解女人而已；儿子，朋友们下次一定会邀请你的。

期望有时是出于某种紧急的需要，比如父母期望孩子戒掉毒瘾。我们之所以期望，是因为种种"只要"如果能实现，我们就能过得更好：

1. 只要爸爸回家，一切就会好起来。
2. 只要妈妈多与外界接触，她就会快乐起来。
3. 只要爸爸妈妈工作没那么忙，他们就有时间陪我了。
4. 只要儿子用心学习，就一定能学得好。
5. 只要弟弟能帮着照顾父母，他们就不必住到养老院去。
6. 只要我太太能减肥成功，我们的性生活就一定会很棒。

共同依赖会使双方的期望愈加强烈，对抗不断升级。但归根结底，期望是没有意义的，只会让你活在无数的假设中。心理导师韦恩·戴尔博士在《你的误区》（*Your Erroneous Zones*）中写道："如果你认为心情郁闷、胡思乱想就能改变现实，那么除非你是住在另一颗星球上。"

◇情绪分离◇

在所有的家庭、办公场所和各类团体中，都会有个别让人头痛的棘手之人。大家的焦点往往会对准这个人，话题也都集中在他身上。当然，忽视问题的存在是不对的，但谈论必须要提供建设性的意见。如果无法看清问题的本质，拿不出可行的方案，那么就是空谈，同样是行不通的。正确的做法是发挥集体的力量，积极地处理问题。成熟的家庭和团体懂得如何借助彼此的力量，缓解棘手人物带来的压力。

想要拿回属于自己的生活，你就必须在情感上与对方保持距离，这个过

第九章 向过去说"GOODBYE"

程在心理学上被称为情绪分离，它是各种心理治疗方法中不可或缺的要素。只有做到这一点，你才能放下不切实际的期望，将情绪从苦闷中解脱出来。

每当我建议人们这么做时，他们常常慌张地说："哦，不，我可做不到，我实在是太爱他了！"或是害怕地回答："我要是放手不管，他永远也做不到。他需要我，我必须在旁边帮助他。"

我反问："如果说这是让双方关系健康发展的唯一出路呢？"

为了打消你的顾虑，让我解释一下，情绪分离不是：

1. 薄情寡义，冷淡退缩。
2. 忍气吞声，逆来顺受。
3. 态度幼稚，喜新厌旧。
4. 盲目乐观，不负责任。
5. 断绝关系。

情绪分离是允许棘手之人为自己的言行负起责任，让我们的视线得以从对方身上移开，转而关注自己的需要，让自己过得更好。

麦克斯做到了情绪分离，他不再事事督促儿子。虽然一开始他也曾顾虑重重："我不可能这样做。儿子的自律性一向不好，我不督促，他绝不会主动学习，把成绩搞好。为了他的前途，为了全家人的未来，我们不得不时时地督促他，虽然现在很艰难，但总有一天他会感谢我。"

詹妮斯起初的回应也一样："我如果不亲自料理丈夫的饮食，他一定会胖得像只猪。他现在能保持健康，全靠我平时的监督。"

我提出，麦克斯如果不是做儿子的监工而是助手，效果不是更好吗？詹妮斯也一样，她的丈夫难道不是成年人吗？他需要的是母亲还是太太？很明显，如果这两个人拥有主控权，动力将会大大增加，没有人监督自己，他们反而可能达成目标。记住，鼓励很重要，支持不可少，督促很危险。

要把握好分寸。管得太少，起不了作用，管得太多，他会长不大，还会把你的帮助视做束缚，产生逆反心理。掩饰问题或是过分主动改变对方都是不对的。掩饰问题，这个人就永远无法进步。过分主动可能扼杀关系，并且，如果对方不改变，你会满腹怨言。一个人受到督促时，感觉就像是受到了威胁，因而会产生消极情绪，闭目塞耳、破罐破摔。

当我们不再督促对方，允许他自主作决定，反而容易看到改变。自我成长作家梅勒蒂·碧缇在《走出共同依存的迷思》（*Codependent No More*）中写道："情绪分离能使对方得到解脱，给他们解决问题的动力。看到我们不再替自己担心，他们反而意识到问题所在，开始担心起自己来。结果是，每个人都关心起自己的事来了，这真是绝妙的策略！"

◇人生教会了你什么◇

与棘手之人保持距离时，我们会发现自己的期望也在减退，领悟到时间无法冲淡期望，唯有成熟面对现实的态度才能。珍惜眼前的一切，不管过去的经历如何，它都可以成为你现在和未来的借鉴。

弗兰克领悟到，人生是一个大课堂。我们往往无力改变一些事情，却可以从中得到成长，不再对不现实的事情抱有期望，而是尽力解决可以解决的问题。

"离婚并没有将我从心灵的牢笼中释放出来，而是让我领悟到：够了，我已经后悔得太久，难过得太久了，在我从人生课堂上有所收获的时候，自由才降临在我的身上。现在，我珍视自己的过去，把关系问题看做是一件好事，看看我学到了多少！"

世界上最高的山就是"自己"，如果你无法逾越它，期望将无休止地耗

第九章 向过去说"GOODBYE"

尽你对生活的热情。加州研讨班的负责人是一位性格外向的女士,她告诉大家,因为期望更好的工作,她曾离开自己的家,离开父母,搬到另一个地方生活。虽然新社区很安全,新家很漂亮,但那段时间,强烈的压抑感困扰着她,甚至令她想要自杀,幸好许多人帮助她渡过了难关。大家也分享了一些相似的经历,并一致认同,牵挂得不到的东西,将使你无法享受眼前的幸福。

当你遇到棘手之人时,请停下脚步,和内心对话,然后调整自己的方向:

1. 我看重与这个人的关系吗?
2. 根据过去的经验,这段关系以后将会如何?
3. 我的处理方式正确吗?
4. 应该如何调整?

◇接受现实◇

也许,你曾全心全意地照顾父母,抚育孩子,善待姻亲,帮助朋友,支持下属,陪着别人一起落泪,结果却发现,对方并不认同你的想法,也不愿采纳你的建议。懂得你和别人的想法不同,也是人生的课程之一。你渴望母亲疼爱你,渴望成为弟弟的知己,渴望孩子关心你,但现实却常常事与愿违。那么,就放手、向前走,即使种种可能性依然存在。

很多时候,对方看不到你的善良与可贵,无视你的努力,丝毫不觉得自己需要改变。这种时候,你需要与对方保持距离,和希望与你相处的家人朋友在一起,享受欢乐时光。不要让过去毁掉你的现在。不要因为你付出了努力，而对方没有接受就心灰意冷。要看得透，关心是一件爱的礼物，它是为了施与，而非得到。

情绪分离既是行动，也是艺术。如果你已经从其他人的身上学会了这门艺术，学会了应该怎样放手，那么在人生赛场上，你已遥遥领先。就算没有人开导你，你也一样可以将自己的身心从执著的苦痛中解救出来，并且能够开导其他穿越关系布雷区的人。

一开始，放手会让你感到无所适从，你担心：放手不管，他会不会失败呢？纠结：这样做，你们的关系会不会结束呢？如果对方因此指责你，你会更加内疚。既要减轻自己的压力，又要维护爱这个大原则，确实是一件很困难的事情。

有时，想要两全是不可能的。个人认为，与其被动隐忍，让情绪受到影响，人际关系遭到破坏，倒不如适度表达出愤怒之情，与对方保持距离。特别是在棘手的人际关系中，情绪的独立尤显重要。

我了解，有些人多年来忍受着对方的伤害，对方从来不顾及他的感受。但更多的时候，问题是出在我们把对方抓得太紧，抱怨太多。是时候改变了，就从现在开始，从不健康的沟通模式里破茧而出吧，你和你所关心的人都将获得自由。

蝴蝶没有后悔，它长久以来一直在啃食树叶。它静静地躺在茧里，等待时机蜕变，最终才能破茧而出，翩翩飞舞，为世界带来美丽与欢乐。你过去的经历就像蝴蝶蜕变的过程一样，是有益的，因为没有经历过痛苦，你便无法体恤他人的痛苦，也就无法为这个世界带来希望。

人际关系问题往往错综复杂，很难说清是哪一方做的什么事让关系走进了死胡同，我们冥思苦想却得不到答案，前一分钟心怀歉疚，后一分钟又责怪对方，因此陷在其中，无法释怀。所以，必须尽快改变这种状态，否则你的新生活也会被彻底毁掉。

第九章 向过去说"GOODBYE"

健康人际关系箴言：

1. 与对方保持距离，能让你看清他本来的样子。

2. 结果会比你预想的好。

3. 牵挂得不到的东西，将使你无法享受眼前的幸福。

第十章
愤怒与还击

乔伊丝·兰德福在其作品《怪人》（*Irregular People*）中讲述了自己与父亲之间的恼人关系。虽然已经是四十出头的人，她还是会因为父亲而情绪失控。乔伊丝的父亲总是漠视她的天分与成功。他能体恤所有人包括他自己的需要，但就是不愿肯定乔伊丝，后者认为，这无异于在她的伤口上撒盐。乔伊丝这样描述自己的感受："我如同身陷战场，中了冷枪，侥幸逃脱，却误入雷区，双腿被炸飞，然而还在苟延残喘。"她说，自己会突如其来地对父亲大发脾气，不管是通电话、看望他还是一起吃饭时都会，她不敢相信自己会有这样的反应。

乔伊丝为何会肾上腺素飙升，如此激烈地维护自己？她为何会说出伤人的话，随即又为伤害了敬爱的父亲懊悔不已？为何父女俩每次见面事态都会失控？她对着父亲大喊大叫，希望唤醒他的冷漠："你难道看不出，比起自费出书的那些人，我写的书好得多吗？"父亲则反唇相讥，说他认识的某人自费出版了一本小书，销量也不错。她不禁自问："为什么我和这个人就不能像父女那样对话呢？"

我很认真地读过《怪人》这本书，乔伊丝在书中阐释了何为怪人，描述了他们给家人朋友带来的伤害，恰如其分地描写了自己受伤和失败的感受。很明显，她希望父亲改变。

我觉得，无论父亲改变与否，乔伊丝都应该先改变自己的态度，明白只有成熟起来才能解决问题。急需拯救的人不是反应冷淡的父亲，而是乔伊丝，她柔弱的手中握着让关系好转的力量。但是，她需要实际行动起来，而不是幻想父亲会在一夕之间改变。

琳达的情况也相似，她说："我向父亲大声抗议：'你的生活秩序完全不对，你的时间永远只留给自己，你向来都如此失败！'说完便赌气提早离开。这种场景周而复始地上演，我觉得自己像个孩子。我一路迢迢回家看望父母，与家人团聚，但父亲总是很忙，和大家共进晚餐之后，他便会催我们去找妈妈说话，好让他一个人待着：'抱歉，你们继续，我得把这个弄完。'每当听到这句话，我就气不打一处来。退休后，他也还是老样子，总有很多事要做，很多人要见，就是没有时间留给我。"

◇触怒◇

愤怒是一种讯号，警示我们有问题存在。它就像肾上腺素一样，是我们的正常组成部分。所以愤怒也许不是坏事，它提醒我们"别压抑情绪，立即处理"。被触怒时，你马上情绪化地还以颜色，却让自己的世界分崩离析。

地震彻底爆发之前，会出现一系列地质征兆，大自然像是受到了触怒，从而发出警告。地壳之间的压力不断上升，最终会以某种方式释放出来。大地剧烈地摇晃，山崩地裂，其上一切的东西都被撕碎。愤怒也是如此，我们通常只看到自己表面上的生活，却没有看到内心深处的情绪波动。压力终归要宣泄出来，要么以正确的方式得到处理，要么会突如其来地爆发。

愤怒提醒你"内心处于动荡之中，消极情绪正在酝酿"，提醒你打开压力阀、释放压力。如果继续心含怨恨，就像是在引信旁边点燃火柴一样，毁掉关系不过是迟早的事情。

虽说已经历过许多次这样的事，但当你亲眼看到自己情绪失控的样子时，还是会吓一跳。乔伊丝和琳达感到困惑：虽说她们的父亲让她们头痛，但她们的反应为何这样奇怪？当这种情况一次次地重演，我们更是被彻底弄晕了。所以，一旦觉察到怒气的出现，请立即采取措施，并寻求帮助。记住：你正揣着一只定时炸弹，它随时会爆炸。

◇ 为何还击 ◇

还记得老卡通片《哔哔鸟与大野狼》吗？哔哔鸟不停地飞，野狼怀尔不停地追，怀尔每次都差一点就追到哔哔鸟，结果却适得其反害到自己。

怀尔总是被触怒，总是在还击，就是不懂得吸取教训。每当它被炸得稀巴烂或被炸飞时，哔哔鸟就像棘手之人，站在旁边，看着眼前的烂摊子，快乐地唱着"哔哔——"，然后一溜烟地跑开。

你一定不愿成为怀尔，因此必须熟悉自己还击时的一系列心理和行为反应，吸取教训，并加以防范：

1. 渴望得到自己所没有的东西。
2. 感到对方在操控你。
3. 只要一生气，你就会反应过度。
4. 若内心不悦，外在也会有所表现。
5. 和对方一见面，你的情绪就陷入苦闷状态。

第十章 愤怒与还击

6. 每次沟通都发生争执。
7. 态度幼稚：发脾气、冷淡退缩。
8. 算旧账。
9. 曾经情绪失控。

当你每次还击后都安慰自己："下次我一定不会再这样，我会付出更多，更努力，一切就会改变。"这时，你就像是怀尔。还击往往是因为你的期望不切实际，遭到了打击。

心智成熟的人懂得如何与棘手之人保持距离，并不为他古怪的行为伤神。我也曾努力改变自己，不是去批评对方，而是为他感到难过。想想，这个人有性格缺陷，总是喜欢破坏关系，永远制造着混乱，难道不让人痛苦吗？他缺乏安全感，狂妄而自负，强迫自己，强迫别人，不愿改变病态行为习惯，像孤岛那样寂寞，不愿与人为善，难道不让人遗憾吗？他无病呻吟，想要操纵、依赖别人，使所有人近而远之，难道不令人惋惜吗？心智成熟的人不会感到受伤，而会为对方感到难过，他能让愤怒的拳头变成慈悲的手。

人际关系不像动画片。怀尔无法选择，他被设定只可作出反应。幸运的是，你可以采取主动，而不是浪费宝贵的时间，强求对方改变。你还在为了得到关爱和肯定而反应消极吗？这种态度对人际关系有百害而无一利：

1. 渴望得到得不到的东西。
2. 关注别人的人生，而不是珍惜你自己的。
3. 过于介意别人的想法。
4. 出于畏惧而做一件事。
5. 该说"不"的时候，你却说"是"。
6. 总是盯着自己的缺点和失败不放。

7. 博取同情。

8. 自作主张地帮助别人。

9. 尽责只为完成任务。

乔伊丝·兰德福的确应该得到父亲的肯定，但她心怀不平也改变不了什么。父亲该怎么过还是怎么过，一点也不想改变自己。他像是哔哔鸟一样，在一旁看着女儿，心想："怎么了？"

我们需要改变可以改变的，包容不能改变的，从错误中吸取教训，在困境中看到希望，停止和对方的战争游戏。请回答下列问题：

1. 对方的哪些行为刺伤或激怒了你？

2. 你觉得他为什么会这样做？

3. 与你和其他人相比，对方具有明显的性格缺陷？

4. 你为对方无法满足你合理的愿望感到备受打击？

5. 对方的无理之举反而让你懂得了何为对，何为错？

6. 你意识到应该更多地关注自己的生活，比如，花时间和朋友、小孩在一起，享受幸福时光？

棘手之人不仅让我们不胜其烦，且不断地伤害我们。他压根听不见也看不见我们的需要，更别提去满足它们了。看到你我被激怒，他只会想："怎么了？他干吗总是摆出一张臭脸？他就不能好好过日子吗？干吗总是像只困兽一样？"

所以，不要让任何人左右你的情绪。想想几年以后，无论你改变与否，如果到时你能告诉自己："我变了，不再是以前那个一触即发、情绪失控的人了。"不是很棒吗？

第十章 愤怒与还击

健康人际关系箴言：

1. 愤怒是一种讯号，警示我们有问题存在。

2. 被触怒时，要回应，不要反应。

第十一章
正确处理怒气

　　身处棘手的人际关系之中，感到愤怒是家常便饭。日复一日，年复一年，点点滴滴的消极情绪累积成了一座骇人的大山，对方的辖制如此牢固，伤害如此巨大，以致你无法用言语表达出自己的愤怒之情。在你表面的平静背后，其实极其想要咒骂攻击对方，有些人甚至会有杀人的念头。

　　我曾经听到有人这样说："我再也受不了了！每一天，太太和孩子都让我感到窒息。想要解脱，离婚还远远不够，唯有把他们全杀掉，我才能得到自由！"

　　这种情绪非常极端，不过，任何与棘手之人共处过的人都会了解那种怒不可遏却又无计可施的无助感受。面对这样一个人，我们能做什么？你就像是在骑马竞技，知道自己迟早会被摔下马背，于是紧紧抓住缰绳，尽量保持平衡，但还是难免坠地。每次当马弓起背，你就会感到紧张，而落地的次数越多，你征服马儿的欲望也就越小。

　　与一个每次都泼你冷水的人维持友好的关系真的很难。老生常谈令人生厌，每次见面都令人泄气。在困境中，唯一的救赎之道就是：

第十一章　正确处理怒气

正确处理怒气并驾驭它。

尼尔·克拉克·沃伦在《善用愤怒》（*Make Anger Your Ally*）中提到，李·艾柯卡还是克莱斯勒汽车公司的总裁时，曾到密歇根大学对毕业班的学生演讲，他谈到了正确处理怒气的好处：

"那是1979年的事。当时，《华尔街日报》建议我，干脆就让濒临倒闭的克莱斯勒留有尊严地死去算了。我被这句话气疯了，高地公园内总部的同事们也气疯了，全美各地数以万计的克莱斯勒员工都气疯了。于是，我们聚到一起商量对策，找出了公司内部的一系列问题，并予以纠正。结果，我们成功地降低了成本，将生产效率提高了一倍，救活了克莱斯勒，生产出全美品质第一的各类汽车。简而言之，我们复活了。"

怒气是人的一部分，它就像呼吸一样自然，人人都会生气。从生理学上来说，生气是一种心理准备状态，肾上腺素上升，心跳加快，呼吸急促，这会让我们提高警惕，果断地采取行动解决问题，从而让心情得到平抚。

面对危机，你即将失控，人际关系岌岌可危，则要效仿克莱斯勒人置之死地而后生的精神，不要听凭怒气控制你，而要善用它，让它成为你的动力。

◇让怒气成为你的动力◇

你是如何处理怒气的？这种态度有利于人际关系的成长吗？根据过去三十年对人们处理怒气方式的观察，我认为可以把人们分为五种类型：外露型、压抑型、操控型、泄愤型和释放型。知道自己属于哪种类型，能让你采取正确的态度，改变错误的态度。知道他人的类型，能使你不是被动地防备，而是主动地理解对方。

外露型

这种人表达怒气的方式很外露，脾气来得快去得也快。喜欢自作主张，不直说自己需要什么，只是暗示你，假如你猜不到谜底，他们就会失控。此时，他们的嘴就像是机关枪，说出一连串伤人的话，外加大喊大叫、摔东西。

这种时候你最好不要急于维护自己，立刻纠正对方的话。请想象一台压力锅冒着热气的样子，如果靠得太近势必会被弄伤。所以，最好是让他把怒气完全宣泄出来，平静下来时，再好好跟他谈一谈，弄清楚他究竟为什么发脾气。

他们通常会这样回应你：你从来不按我说的去做。你太死脑筋了，是你逼我发脾气的。你太伤我的心了。告诉对方，你关心他，但你无法猜到他在想些什么，请他把自己的需要直截了当地告诉你。也许，对方也试过约束自己的情绪，却屡屡失败，趁此机会，教他一种处理情绪的正确方法吧。

不管对方改变与否，你都不必反应过度。但是，如果他不仅动口还动手，请在第一时间离开，保护自己。

压抑型

这种人表达怒气的方式很低调，从外表几乎看不出他在生气，但其实，他只是把怒气压抑在心里。他们活在内疚感里，惯于自损、自责，遭遇失败时拼命打击自己。不懂得用正确的方式表达怒气，使这类人患上身心失调类疾病的情况相当普遍，如高血压、头疼、结肠炎、呼吸不畅等。另外，他们的依赖性太强，会令别人敬而远之。

外露型和压抑型的人在儿时都被灌输了不正确的观念：要做好孩子，严于律己，宽以待人，不要生气。因此他们不知道该如何表达自己的愤怒，就像摇晃汽水瓶，随即打开瓶盖一样，他们的怒气会突如其来地爆发。不同的是，前者是外露的，而后者则是闷在心里。其实两种态度都不健康，都会令周围的人避之不及。

生气时，压抑型人往往情绪低落，说出一连串消极的话：我永远都是这样的失败。对不起，我真的很抱歉。因为怒气没有得到释放，这种情况还会继续，直到下一次危机的发生。

这种人会让你感到爱莫能助。你拼命鼓励他们，强调生活中光明的一面，友善地与之打趣调侃，却还是无法打动他们。因此，等他稍平静，再告诉他："看到你这么难过，我很遗憾。"不要纠正对方的话，客观地说出事实就行了，比如："你是个很好的人，我很关心你。"请别用这类说法："是你自己要生气的，你不懂得如何处理情绪。"当他能听进你的话时，再好好谈一谈，告诉他应该如何处理怒气。但要注意不要让自己的情绪受到影响，毕竟这是对方的事情。

操控型

这种人标榜自己拥有高超的情绪自控能力，标榜自己从不生气，不提高声量，不骂人。其实，刻毒的评语和阴暗损人的玩笑话就是他们表达愤怒的方式。他们竭力挖苦对方，想使对方感到内疚，并且辩白：我只是开个玩笑，没有恶意，并想当然地认定这是事实。

小时候，操控型人可能直接说出需要却没有得到满足，于是认为，必须耍些小聪明才能得到想要的东西，比如装病来获取大人的关心，或是通过和别人做交易来得到对方的玩具。

长大后，他们不懂得身为成年人，应该正大光明地与人相处，而是利用权钱做交易，或是依赖某个人，靠耍手段达到目的。

泄愤型

这种人怀着怒气过日子，世界上没有任何事情能令他们满意。他们的话语、眼神和身体动作满含怨恨，凡事都往坏处想，永远都在挑剔攻击周围的人。除了自己，他们谁也看不顺眼。泄愤型人把矛头对准所有人，很容易被激怒。

泄愤型人和操控型人一样，很可能在儿时受到了父母的操控与伤害，学到了这种消极的表达方式。小时候压抑怒气，长大后便把怒气转嫁到周围人的身上。他们对人生的看法一片灰暗，所有的事都令他们生气，他们也希望别人知道自己在生气，所以一举一动都散发着敌意："照我说的去做，否则就揍扁你！"

释放型

这是五种类型中唯一正确的一种情绪处理方式，在棘手的人际关系中，这种方式尤为重要。这类人懂得在感到愤怒时，如何正确地看待并懂得释放怒气，使问题得到解决，心情得以平复。而其他几种方式只会令人际关系雪上加霜。

释放型人懂得善用怒气，他们把怒气视做伙伴和工具，不畏惧也不否认它，而是利用这种讯号发现问题并主动应对。

◇ 驾驭怒气 ◇

如果你能驾驭怒气，它就是好的，如果不能，它就很可怕。紧紧握着手里的钱不放，钱就没有用处，肆意挥霍又会使它失去价值。只有正确地使用，价值才能发挥出来。处理怒气也应该如此，不要害怕它，也不要让它自由泛滥，而要让它的存在发挥价值。

怒气能够帮助你：

1. 发现问题。
2. 获得解决问题的动力。
3. 激发决心。
4. 关注自己的需要。
5. 避免消极被动。
6. 掌握主控权。
7. 坚定态度。
8. 杜绝消极情绪。

对方明知会激怒你，却还是一意孤行，拒绝改变错误的言行，挽回关系，他的以下行为会使你感到愤怒：

1. 耍手段。
2. 强词夺理。
3. 歪曲你的话。
4. 拒绝倾听你的话。
5. 不让步。
6. 拒绝改变。
7. 自作主张，影响到你和其他人的权益。
8. 为达目的不择手段。

我们应对这些策略作好心理准备，这样就不会轻易被激怒了。

我曾参加过一个婚礼，新娘的祖母感慨地说："希望这些孩子比我聪明。我以前脾气坏极了。结婚那会儿，还没等看到结婚照就已经在大发脾气了。这么多年来我一直没有醒悟，一直在尝试改变全世界，每件事都能激怒我。现在，我终于明白了，我才是那个需要改变的人，我需要积极地去生活！"

积极地生活能转移你的注意力，使你不再纠结于某些棘手的问题。积极的态度能提升你的个人价值感，使你意识到自己是一个独特而宝贵的人，有责任使自己快乐，从而更多地关注自己，从压力中成功地自救，生活得多彩多姿：

1. 凡事往好处想。
2. 积极地放松自己。
3. 犒劳自己，玩一玩。
4. 开怀大笑。
5. 欣赏生活中点点滴滴的美好：孩子的笑脸，晶莹的露珠，闪烁的星辰和萤火虫，聆听蛙鸣。
6. 培养兴趣爱好。
7. 广结朋友。
8. 找到开解你的人。
9. 不要依赖别人。
10. 记录感恩日记：记下每天发生的好事或者特别的事。
11. 每天静处一段时间，独坐在车里也可以。
12. 聆听提升情绪的音乐。
13. 阅读励志书籍。
14. 控制你的思想。

当李·艾柯卡生气时，他和周围的人一起同心协力，找到了让公司起死回生的方法。当然，丈夫理应体贴你，孩子理应感激你，父母理应疼爱你，老板理应器重你，但如果现实不是这样，又如何呢？这就是人际关系的挑战之处啊，善用怒气，将阴霾一扫而空吧！

健康人际关系箴言：

1. 让怒气成为你的动力。

2. 感到愤怒？利用它，释放它。

第十二章
正面交锋策略

　　20世纪60年代活跃在美国的黑人激进左翼政党黑豹党，一向被联邦调查局的传奇人物埃德加·胡佛局长视做威胁美国安全的眼中钉。一次，黑豹党党首发话说，如果警方不答应他们的要求，就要炸毁纽约市所有的桥梁和交通要道，任何试图穿越桥梁的车辆也将格杀勿论。警察实行宵禁，设置路障，并进行了大规模的搜捕，然而翻遍全城也没找到黑豹分子。胡佛把洛杉矶市华兹区的著名黑人牧师爱德华·希尔召唤到华盛顿，请求他发动广大黑人市民，配合警方共同搜捕89名黑豹党成员。希尔牧师听后，疑惑地望着对方问："胡佛局长，你刚才说参与这次行动的黑豹分子有多少个？89个？试问，89个人怎么拿两百万人当人质呢？"

　　希尔牧师的话给了我们一个启示，关键不在人数，而在于恐怖分子挟持纽约的手段。真正挟持纽约的不是89个人，而是恐惧。棘手之人也喜欢玩这样的心理战术，游移在规则边缘，以此表明一切都很公平，我并没有违反规则。从小，我们就被教育要善良，要认错，别人打你左脸，要把右脸也给他打。在我们的观念里，好人是循规蹈矩的。因此，面对棘手之人，我们完全没有心理准备。

◇心理战◇

纽约人的身体并没有被劫持，但他们的思想却被人俘虏了。他们不敢上桥，不敢坐地铁，生怕会被炸，走在路上也生怕成为恐怖分子的枪靶，整天活在恐惧之中。与棘手之人相处，不正是这种感受吗？你害怕失去珍视的一切：金钱、权利、关爱、认同与安全感，而想象对方似乎具有不可战胜的巨大力量。棘手之人急于证明自己的价值，他们的目的是获胜，高高在上，掌控一切，而不是做你的朋友，安抚你的心灵。在他的眼中，获胜比遵守规则更加重要，因此完全失去了理智，把公平原则扔到一边。你能想象黑豹分子和警方的对话会是怎样的吗？

警方："先生们，请替我们考虑。你们这样做，只会令许多无辜的人遭殃，这种谈判方式不公平。"

黑豹："那又怎样？"

与棘手之人谈判要靠智慧，你应该比谁都清楚他们从不讲求公平。所以，如果还在幻想他会耐心听你说话，或做出某种程度的妥协，那你一定会崩溃。

那么，你是准备关闭城门，躲进自己的城堡，还是一再地以德报怨，完全不计代价呢？

当棘手之人拼命想要点燃战火时，不要向他屈服。其实，制胜之术很简单：就是不作战。在任何情况下都不要和对方争论，一争论，你就输了！因为你说什么在他而言都是错，质疑等于是在怀疑他的人品，意见不同又是在暗示他不够聪明，谈判意味着挑战权威，让步又等于承认你很懦弱。

棘手之人占据上风，是因为他们：

1. 不讲道理。
2. 总是让对话沦为混战。
3. 喜欢回避正题。
4. 用你看重的东西胁迫你让步。

◇对方的策略◇

除非能压倒对方，取得控制权，否则棘手之人不会放弃。因为握有你看重的东西，知道你有求于他，便会要求你完全顺从他，并且还会说：看，只要别人按我说的去做，就不会有任何问题。

一位学员跟我反映说："我简直不敢相信弟弟会这样跟我说话。在短短的五分钟里，他把我伤得体无完肤。他先是曲解我的意思，捏造一些我没有说过的话，质疑我与他修好关系的目的，然后又把我痛骂了一顿。不过，我自己的反应更加不可思议，因为正需要他的帮助，我竟然低声下气地从他眼皮底下走了出去。"

让人泄气的是，这种时候，周围的人通常会把责任推到受害者身上："是你挑起的啊，明知他不讲道理，干吗还去蹚浑水、跟他谈这件事？他没那个意思，他怎么会故意伤害你嘛？"人们之所以这样，是因为也有求于他，这种态度令你感到更加无助。于是，你退缩了："算了吧，我又能做些什么呢？"

棘手之人没有固定的形象，但手段都大同小异，他们的目的是相同的：压倒对方，控制大局。

第十二章　正面交锋策略

他们惯用的策略有：拒绝倾听你说话；指责你，想让你感到歉疚；无所不用其极地激怒你，想让你还击；他们熟知你的软肋，如果攻击你的性格弱点还达不到目的，就会攻击你所关心的人；明知其说过一些话、做过一些事，他们却矢口否认；把你当成罪人，说是你逼他们这样做的，说是关心你，为自己的无理行为开脱；他们从不承认自己有错，除非这种举动能操控你；他们丝毫不觉得自己的手段有什么不妥，反而倒打一耙，认为你忘恩负义，对你进行人身攻击；他们常常旧事重提，并在中途扯开话题。所以，你必须坚定，不要上当，避免与对方开战。

一次，吉米·卡特总统的夫人罗莎琳，受邀出现在菲尔·唐纳修的电视访谈节目中。唐纳修就卡特当时作出的一项决策反复提问罗莎琳。他一个人滔滔不绝地说了足有五分钟，然后问罗莎琳："你是怎么看这个问题的？"

罗莎琳望着对方，睿智地回答："我根本没有听懂你刚才在说些什么，我只知道，吉米一向努力去做正确的事情。"观众席上爆发出一阵笑声，唐纳修哑口无言。罗莎琳拒绝争辩，拒绝与唐纳修混战。

◇ 获得力量 ◇

别再浪费时间卑躬屈膝甚至牺牲一切，去换取本该得到的肯定与接纳。当一方作出改变，彼此的关系不可能不改变。要知道，如果不害怕失去，你会失去得少一些；如果害怕失去，你会失去全部。你逃避什么，就会被什么辖制。只有正视问题，直截了当，拒绝争辩，你才能获得力量。

记住三件事：

1. 如果不害怕失去，你会失去得少一些。

2. 如果害怕失去，你会失去全部。

3. 你逃避什么，就会被什么辖制。

◇谈话◇

和棘手之人的心理战一开始，自己就处于劣势，光是想想这一点，我们就沮丧不已。等一下，情绪又会左右我们，又会让我们说错话，让我们谈话跑题。我们经历过，弄砸过，要改变这种状况谈何容易！

◇作好准备工作再谈话◇

你必须基于过去的经验拿出应对方案，并在情绪上抽离自己，才能不为压力所动。

谈话步骤：

1. 找到合适的时机。
2. 共同承诺遵守规则。
3. 遵守"先听后说"原则，即听完对方的话再发表意见，便于复述刚才听到的话。
4. 深谈。

5. 拿出解决方案，另定反馈时间，作出必要的调整。

也许，你无法满足所有的条件，让棘手之人乖乖坐下来，遵守先听后说原则，安静地听你讲话，然后一起制订出解决方案。但你还是要尝试，努力让自己目标明确、态度坚定。你的话被对方打断时，忍住，不要说话，听他说，就算不同意也要听。然后再用平静的语气纠正他说错的地方。回应时要避免带有挑衅性或攻击性，冷静地说出事实就好：

1. 我明白你说的意思，但是那不对。
2. 抱歉，不过我不是你想的那样。
3. 我的意思是……
4. 我们回到正题好吗？

在谈话中，提及与你们两人有关的事时，要使用"我们"这一称谓，提及你自己责任范围内的事时，要用"我"。即使是在表达担忧时，话语中也应透露善意和希望：

1. 我们一定可以成为好朋友的。
2. 我们两个人其实有很多共同点。
3. 我盼望……
4. 真希望我们可以……

鼓励对方说出对问题的看法，问问他认为关系该何去何从。不要批评对方，而要这样说：

1. 你认为怎样才能减少我们的摩擦？

2. 你认为我们的关系该何去何从？

3. 你觉得我们应该怎样调整？

4. 你认为这样做管用吗？

一些心理治疗师主张，不必找对方谈话，只要忘掉不愉快的事，得过且过就行了。他们认为，既然对方以前不听你说话，那他现在也不会。然而，你和对方的拉锯战旷日持久，就算尝试解决问题而失败，你也不会因此更加不快乐。况且，对于那些想要战胜自我的人来说，这种消极的态度是他们无法忍受的，他们宁可接受挑战，尝试用对抗的方式带来改变。

◇对抗◇

只要弄清它的含义，对抗就一点也不可怕。对抗是指说出问题，申明维持关系的前提，即你不管怎样做，都不会允许对方再怎样做，这些是原则问题，没有转换的余地。对抗不是争论，也不是消极反应，而是一种主动的态度。

对抗的步骤：

1. 正视问题。

2. 思考对策。

3. 权衡利弊。

4. 作出决定。

5. 信守决定，不争论。

也许你在想："没用的，我以前就试过，结果却是一场灾难。他不会听我的，老一套又会上演。"

上一次的对抗失败，会不会是你中途被对方引开，而与之发生了争执呢？很可能，不是对抗本身有问题，也许是因为争论才导致了失败。

对抗的目的不是：

1. 报复。
2. 惩罚。
3. 压倒对方。
4. 泄愤。

对抗的目的是：

1. 对抗问题本身。
2. 做个了结。
3. 决定是否要继续双方关系。
4. 不再害怕面对棘手之人。
5. 说真话。

对抗前，首先要提醒自己：不要逃避，逃避对方就意味着被对方辖制。时机也很重要，尽量选择一个合适的时间和地点，没有电话，没有旁人，没有小孩的干扰。调整好心情，以便尝试一起解决问题。棘手之人通常会借故没时间来干扰谈话，甚至粗鲁地直接打断谈话。对此要有心理准备，如果时机不成熟，也可以另外找时间。

准备工作一：识破对方的伎俩

棘手之人常常使用一些惯用的伎俩，也可以说是工具来控制你。如果你能识破它们，就不会轻易被对方打倒了。

我曾见过一个人耍小聪明，他在自己住的城区把自己装扮成残疾人，成天坐在轮椅上，四处博取大家的同情。但出了这个城区，他就立刻扔掉轮椅，又蹦又跳。后来大家知道了真相，他的轮椅从此失去了唤起同情的功能。

棘手之人的伎俩：

1. 以种种理由请求你替他完成任务。比如：我的钱不够，能力不如你，我不舒服，太忙了走不开，等等。
2. 用病态行为，如酗酒、滥交、贪食症等辖制你。
3. 让你不悦，比如不按时赴约，直到你在电话那头大喊："我走了！"
4. 利用你的需要来辖制你。
5. 对你忽冷忽热，对你发号施令，跟你冷战，然后又来哀求你。
6. 拿你跟别人比较，想让你产生歉疚感。
7. 以玩笑当挡箭牌讥讽你。
8. 该说的不说，一再岔开话题。

准备工作二：演习

熟悉对方的策略，总结过去的经验，再进行临场演习，就能大大提高你的客观性和冷静应变的能力。演习时如果有人配合你，效果会更好。

回想一下你和对方的沟通经历：你本想解决问题，却与对方争执不断，这令你沮丧不已。哪些话令对方充耳不闻，哪些方法适得其反，哪些话或举动刺伤了对方，以致他激烈地还击，濒临崩溃，甚至威胁说要跳楼。总结一下诸如此类的事情，以便作调整。同时，把对方的惯用语写下来，如：

1. 我为你付出了太多。
2. 我是关心你才会这么说。
3. 你不会懂的。

演习的内容包括：想象、练习、情绪分离和注意事项。

1. 想象：想象对方的各种表情，愤怒的、怀疑的、挑衅的、受伤的，他会对你说出什么话，作好心理准备。

2. 练习：让一个熟悉情况的朋友配合你，放下平时规劝你的身份，扮演棘手之人，对你说出最可怕的话。而你则要练习思想专注、态度冷静地回应。如果这种方式让你感到不自在，也可以配合道具独自演习。先扮演棘手之人对椅子说话，然后坐在椅子上，练习回应对方，还可以借助道具让演习更加真实。这样做能大大减小对方言行的杀伤力。

3. 情绪分离：这需要一种超脱的眼光，客观的态度，情绪能否不被对方左右决定着对抗的成败。其实眼前这个人并不像你想的那么可怕，多加练习，就能平静地说出想说的话。

4. 注意事项：记住，你是在对抗，不是在谈判，只要直截了当地说出你的想法和决定就行了，语气中不要带有一丝怒气。

◇实战◇

告诉对方，你之所以和他谈话，并不是想改变他，而是因为你在意他，想找到与他友好相处的方法。他也许会说，他不觉得你们之间有什么问题。但你仍然要强调：不得不谈这个问题，你在意他，想维持彼此的关系，但也需要平静地生活。

对方可能假装不明白你的意思，他也许会说，感觉不好是你自己有问题，这其实是一种迂回策略，暗示是你的表现不够好，如果乖乖听话就不会有问题了。你也许无法突破这个瓶颈，不过可以尝试。

要想获得胜利，应该让对方相信，停止战争对他最有利。记得吗？让你抓狂的那个人不关心你的利益，却非常关心自己的利益。如果能让他感到，你是想使他获益，他的攻击性就会大大减弱。虽然你在想办法满足自己的需要，但要让对方感到你是在替他着想。利益能使陌生人成为密友。

和对方谈话的目的是找到和平共处的方法。看到你的态度忽然有了变化，他可能会觉得你在挑衅，于是贬损你，指责你忘恩负义。这时你的反应很关键，最好这样作答：

1. 抱歉，你没听懂我的意思，我再说一遍。
2. 我必须再说一遍，你没听懂我的话。
3. 你答应会听完我的话。
4. 谩骂没有任何意义。
5. 我不接受你给我的罪责。
6. 请不要跑题。
7. 这和别人无关，是你我之间的事。
8. 正因为我在乎，才会跟你谈。
9. 我相信，你也在意这段关系，希望我们和平共处。
10. 你用这种态度跟我说话是不对的。
11. 你为什么这么生气？

第十二章 正面交锋策略

◇写信◇

一些心理治疗师建议你写信给让你头痛的人。丹尼尔这样做了，她觉得，写信给弟弟可能比当面对抗要容易些。于是，她精心地准备措辞，用关怀的语气，简明扼要地表达了自己修好关系的意图。不幸的是，她忘了对方未必能领会自己的心意并愿意配合。果不其然，弟弟读了信，曲解她的话，排斥她的提议，不仅对姐姐的无畏之举嗤之以鼻，还用这封信对她倒打一耙。

我建议，最好不要用写信代替当面对抗。其实，写信也是需要组织语言的，对抗这件事的确需要面对面地交流，这样你才能当场纠正对方说错的地方。就算是当面谈也很可能遭到诋毁，何况是在信上呢？

◇意见与批评◇

意见和批评是两把刀，可以轻易毁掉一段人际关系。简第一次来找我时，向我倒了一肚子苦水，说准备让妈妈不要再去她家，因为妈妈不仅贬损她的丈夫，还干涉她的生活方式。这样的情况持续了很长一段时间，简耗费了许多精力，才决定改变自己消极的反应方式，转而积极面对自己的妈妈。

"每当妈妈踏进我家的门，我就感到必须捍卫自己。'简，这些花花草草都要干死了嘛。唉！我去洗碗，你们的碗肯定都堆在洗涤池里吧？冰箱里根本就没东西嘛，真不知道你们都吃些啥！你每晚都做这样的菜给你丈夫吃吗？他一定会心脏病发死掉的！看看，客厅都乱成什么样子了，弗兰克走得进卧室吗？你每次出门都穿成这样吗？知道吗？你妹夫对我可好了！'"

如果你不表示反对，对方会以为你认同他的做法。当一个人用错误的方式对待另一个人，而后者允许他这样做时，互相尊重便无从谈起。除非采取建设性的行动，否则压力会持续升级。对待意见与批评，有三种处理方式：

1. 维持关系，但提出条件：未经许可不要发表意见。
2. 不要做会招致对方批评的事。
3. 结束关系。

你可以向朋友倾诉自己对某段人际关系的忧虑，一起演习如何回应棘手之人。比如，简可以说："妈妈，我希望你能像对待成年人一样对待我。你的帮助在我看来是一种批评，我很生气。我当然喜欢和你亲近，但你也必须尊重我作为独立个体的权利。"

一次，妈妈又来看望简，手里还拎着一大堆吃的东西。她说："你成天跑来跑去，哪有时间好好做顿饭菜给弗兰克吃，所以我忙活了一整天，做了这些东西。"简向妈妈表达了谢意，然后请她坐下喝杯咖啡，交谈中把自己的想法告诉了妈妈。她大概是这样说的："妈妈，我需要你的帮助，但你不断地提意见，让我感觉你不相信我的判断力，这种态度让我们之间产生了隔阂。我爱你，所以想跟你谈一谈，真希望我们能像朋友那样相处。"

妈妈听后非常生气，简则又想还击。记住，如果你无法保持冷静而还击对方，就会把刚刚到手的控制权拱手让给他。建议最好要像这样回应：

1. 等你不激动了我们再谈，好吗？
2. 你如果继续用沉默惩罚我，我们很难亲近起来。
3. 我愿意解决问题，但绝不允许你控制我。

妈妈大发雷霆，感到很受伤，抗议说再也不会来看简了。她指责简，想让她感到愧疚，但简没有让步。她为自己设立了界线，很好地控制了自己的情绪。与此同时，表达关爱也很重要，简做得很好，她平静地对妈妈说："我爱你，我很抱歉这样说，但我们的关系的确很不好。"

虽然简的妈妈当时很生气，但过了一阵子，气氛缓和下来，妈妈又来看望简了，并且停止了批评。记住，表达关心和歉意能弥补裂痕。面对棘手之人，特别是设立界线时，付出一点点爱就可能有意想不到的收获。

◇脚步愈坚◇

对抗成功后，你会感到自己终于有勇气设立界线，终于获得了控制权，不禁欢喜雀跃。能冷静地表达自己的想法，感觉真的很好吧。但接着又有些忐忑不安，不知接下来会发生什么状况。别着急，慢慢来。随着对抗技巧的成熟，这些情绪的起落都将成为过去，你的步伐会越来越稳，越来越自信，因为你获得了自由。

健康的人际关系一定是有所付出，有所收获的，任何单方面的付出或得到都是不健康的。记住，对抗时不要争论。不论对方使用什么策略，都不要还击，只有爱才能拉近你们的距离。

健康人际关系箴言：
1. 目标明确，避免混战。
2. 如果不害怕失去，你会失去得少一些。
3. 作好准备工作再对话。

因为你在乎：让彼此快乐的相处之道

> 4. 你逃避什么，就被什么辖制。
> 5. 对抗不是争论，也不是谈判。
> 6. 告诉对方，停止战争对他最有利。
> 7. 表达关心和歉意能弥补裂痕。

第十三章

饶恕是最聪明的选择

一对心力交瘁的老夫妇茫然地望着心理治疗师，问："我们要原谅多少次才够？"就在这天，他们的独生女儿将自己的两个孩子送给了一对素昧平生的夫妇。她之所以找人领养孩子，并不是因为父母不能帮着带孩子，也不是因为自己有生理缺陷，无法照料孩子，而仅仅是因为她不愿意尽做母亲的责任。女儿的冷酷无情和失去外孙的伤痛让这对夫妇心如死灰。他们已经不是第一次来求助了，面对着一次又一次的打击与失望，他们只想知道："我们究竟要饶恕多少次才够？"

如果他们问的是"我们还需要求助多少次？"这个问题就很难回答，并且外界的帮助毕竟也是有限的。但问题如果是"我应该饶恕对方多少次？"答案就很明确：无论你被伤害多少次，都应该原谅对方。为什么？因为这样做能够拉对方一把，更重要的是，它能让你自己得到解脱。饶恕的公式很简单：受到伤害时，你需要饶恕。

面对陌生人的刻毒之举，你可以一笑了之，但亲朋好友类似的举动却会让你一蹶不振。受到伤害是一件危险的事情，听之任之，痛苦会越积越深，就像雾气在窗前升起，渐渐扩散，很快便完全遮挡了视线，使你看不见窗外的景色。你念念不忘别人犯过的错："太不公平了！他怎能这样对待我呢？"于是意志消沉，笑容消失了，脚步也越加沉重。你必须做点什么，来阻止自己消沉下去。至于无力改变的那些事，就让它去吧，你需要做的，只是饶恕而已。

◇一份决心◇

饶恕是一份得到自由的决心：不管我多么受伤，也绝不会让某人的所作所为把我击垮！事实上，就算你不饶恕，内心的伤痛也不会减少一份。不管伤害的程度是深是浅，只要你心怀怨恨，就会发现，仇恨是这个世界上最沉重的一座山，而饶恕，则是你卸下这个包袱的唯一方式。

电影《教会》讲述了一位巴西贩奴者罗多黎各的故事，他不仅杀害了自己的胞弟，也屠戮强暴了许多印第安人，罪行累累。罗多黎各自觉罪不可赦，于是听从神父的教诲，决心归依基督。为了表达悔改的决心，他抱着昔日的犯罪工具：一身盔甲与刀剑做成的重担，和传教士们一起翻山越岭，前往深山之中的宣教所。沉重的包袱使罗多黎各艰难挪动着脚步，途中，他不慎摔到路旁的一块岩石上，脚下就是万丈深渊。关键时刻，旁边的灌木丛里跳出一位印第安人，手中挥舞着一把大刀，他曾是罗多黎各追捕过的人。当利刃猛然落下的那一刻，观众的心不禁提了起来，印第安人完全有理由杀掉这个人。然而，重担应声掉落，从峭壁上坠入万丈深渊。罗多黎各获得了自由，印第安人也获得了自由，以德报怨的伟大行为卸去了他心头沉重的枷锁，浇灭了复仇之火。

饶恕会让你的心情豁然开朗："他伤害我，却要我为此背负沉重的负担，岂不是很不值得？"丢弃无用的怨恨吧，以其人之道还治其人之身，你将无法享受到放宽心的喜悦。不饶恕只会让复仇的火焰越烧越旺，消极的想法更会夺去你的安全感。

◇饶恕是无条件的◇

你不愿饶恕那个伤害过你的人："饶恕等于让他逃脱制裁，太便宜他了，我必须一报还一报！"传教士约翰·哈该在《我的儿子乔尼》(*My Son Johnny*)这本书里，提出了自己的疑问："我怎能饶恕一个麻木不仁、玩忽职守的人呢？身为医生，居然在醉酒状态下进入产房，意识混沌地为我的孩子接生。他愚蠢的错误夺走了我孩子的生命，而且还拒绝为此道歉。我曾经想过，如果他肯道歉，我会试着去原谅他，但当他见到我，竟然有意回避。这个人真是不可原谅，这句'抱歉'是他欠我们全家人的。"

这位医生的确欠这家人一声"抱歉！"然而，真正的饶恕是无条件的。因为如果说饶恕必须有先决条件，那么它就只是一种对等交易。哈该知道这一点，虽然他痛不欲生，但最终还是饶恕了对方。

如果你要视对方是否道歉来决定是否饶恕，无异是把期望寄托在对方的身上，如果他永远不道歉，你就要一直活在痛苦和愤怒之中吗？而且，就算他真的道了歉，你还是会心有不甘，虽然努力想要说服自己"他已经道歉了，我也该释怀了"，却无法放下心中的仇恨，虽竭力想要摆脱消极的想法，意志却溃不成军。

◇抹不去的回忆◇

饶恕不是忘记过去。大脑能记录发生过的事，你无法删除不愉快的回忆，它们顶多是蜷缩在记忆中的某个角落，一旦受到触碰，令人不悦的画面又会一幕幕地浮现在你眼前，你会紧锁心灵之门，怀疑猜忌对方，所有的付出都是有条件的。

真正的饶恕，是把所有受过的伤都贴上"除吸取教训外，别无他用"的标签。这样，当我们再想起这些事来的时候，便只会感到庆幸，庆幸因为这些事自己又成熟了一些。苦难能给予你在顺境中无法得到的智慧，并且赋予你一颗体恤怜悯他人的心。饶恕会使灵性得到成长，守护我们的心不因苦难而蒙尘。

◇骄傲的心◇

在饶恕之路上，最大的障碍莫过于骄傲。我曾无数次听到这样的说法："我没法原谅他，他根本就不配！"每当听到这种答案，我都恨不能给对方跪下，写下血书，甚至将自己大卸八块，以此扭转他们的心意。诚然，某些人为了一己私利，或者别的什么原因故意伤害别人，这种人的确不配得到宽恕。你的理智在抗议："我是那个受到伤害的人，我为什么要饶恕？"骄傲在呐喊："凭什么我要放过他？"骄傲的态度会让你看不清未来，不肯放过别人的错误就是不肯放过自己。你也许坚称一切太不公平，但抓住这点不放，又能改变什么呢？不过是使你自己的心情更加沉重罢了。

◇找回快乐◇

谁能劝说一位独自抚养两个孩子的母亲，不要怨恨抛妻弃子的负心汉？谁说面对亏空公款、败尽家业的逆子，父亲不该大发脾气？面对着一位遭到强暴和毒打，侥幸存活，却留有脑损伤后遗症的少女，你怎么忍心劝说她的父母要宽恕凶手？然而，假如想要找回快乐，他们就必须学习饶恕。无论他们经历过什么悲剧，只要能够放下仇恨，开始新的生活，就是胜利者。

一些心理治疗师主张不必通过饶恕来释放自己，找回内心的平静。他们的论据是，饶恕意味着两件事：首先，你必须放下合理的仇恨，不予报复；其次，你免去了对方应负的责任。

他们提出，这两件事不仅不可能做到，还会引起情绪的强烈反弹。不幸的是，如果你相信这种歪理，你将永远沉浸在痛苦之中。

事实是，饶恕并非让做错事的人逃脱制裁，他需要自己承担后果。哪怕你愿意放过对方，也不能抹去他犯下的错。饶恕是避免让自己受到双重伤害，第一次是受到对方的伤害，第二次是用对方的错误惩罚自己带来的伤害。饶恕是不管际遇如何，都要带着一颗自由快乐的心去生活。

这些治疗师的另一个谬论是：复仇是合理的。事实并非如此。错永不可能变成对，一个人种下的是什么，收获的就是什么，这叫天理。他必须为做错的事负责，这是毋庸置疑的，但以牙还牙只会给自己增添痛苦。这么说吧，某人伤害你是他不对，但你又何苦为此饮弹自尽呢？

◇饶恕自己◇

也许你是那个需要得到宽恕的人。被你所伤害的人原谅固然是件好事，但更重要的是你能得到自己的原谅。不要期望能够得到对方的宽恕，因为你无论如何也无法弥补过失，错了就是错了，唯一能做的就是从中吸取教训。当你说："我错了，但我会吸取教训，不会再犯相同的错。"饶恕就发挥了它的功用。

我们可以选择一辈子做一只虫，与尘土为伴，也可以破茧而出，自由飞舞。一次，我的儿子布拉德在花园里发现了一只足有10厘米长、美丽绝伦的毛毛虫。它令我想起每年在纽约街头庆祝新年时，中国人手中飞舞的长龙，它们有着相似的颜色和形状，长着两只弯曲的触须，小巧玲珑的黑色斑点布满全身，漂亮极了！我无法抑制对那只毛毛虫的好奇，想看看它究竟是怎样变成蝴蝶的，于是找来一只箱子，在里面放上土，把毛毛虫放进去，它钻进土里，把自己盖了起来。一年以后，它终于破茧而出，变成了一只12厘米长的蝴蝶，橙黄色的翅膀上镶着红色和黑色的斑点。我看着蝴蝶，回想它一年前的样子，它曾经是一只虫，靠啃食树叶为生，活在世上唯一的目的就是蜕变成蝶，播撒美丽，真是不可思议！毛毛虫必须自己挣脱茧的束缚，才能翩翩飞舞，同样，没有人能替你解开仇恨的束缚，你必须自己破茧而出。

第十三章　饶恕是最聪明的选择

◇一个决定◇

　　你是否已经决定，不再活在怨恨和自怜里？是的，只有这样做，才能停止情绪垃圾继续毒害你的心灵，偷走你的快乐。饶恕吧，在艰难的日子里，你要学会成长。人生不如意之事十有八九，一次两次的打击就更加不是世界末日了。坏事凸显了好事的宝贵，战胜打击是一件值得骄傲的事情，证明你是一个勇敢的人。你也许会问："那么，我该从哪里做起呢？"答案很简单：做就是了！饶恕是一个决定，让这个决定带动你内心的情绪，它就像是迈步一样自然，你只要决定出发，然后迈步走就好。

　　对于受害者而言，饶恕不是：

1. 遗忘过去。
2. 免除对方的过错。

　　对于犯错的人而言，饶恕不是：

1. 希望事情没有发生过。
2. 忘记过去的教训。
3. 弥补过错。
4. 心安理得。

　　饶恕是：

1. 身心健康的依托。
2. 艰苦的工作。
3. 放下、向前走。
4. 在苦境中实现成长。
5. 解脱别人或让自己得到解脱。
6. 不再回头。

是的，和棘手之人共处是一件极其艰难的事情，对方的过错就像压路机一样碾压着你的内心，你很难遏制胸中的怒火。前面提到的那对老夫妇不仅承受着失去外孙的痛苦，还要忍受对女儿彻底失望带来的痛楚。她铁石心肠，不负责任，抛弃自己的亲身骨肉，他们完全有理由憎恨她。他们有权愤怒，就像你有权对生命中的不公之事感到愤怒一样。但，关于这个问题："我们究竟要饶恕多少次才够？"答案是："每一次。"假如你不想变成对方那样的人，就必须饶恕。

健康人际关系箴言：
1. 饶恕让愿意饶恕别人的人获得解脱。
2. 以其人之道还治其人之身，你将无法享受到胜利的喜悦。
3. 真正的饶恕是无条件的。
4. 错永不可能变成对。
5. 没有人能替你解开仇恨的束缚，你必须自己破茧而出。

第十四章
我该如何道歉

当对方不断挑战你的耐性，让你忍无可忍时，怎能向肇事者低头呢？听起来这像是在说：问题不是出在他身上。对方其实没有那么可恶，我自己也有责任。因此你会抗议："没门儿！我才不会对那个混蛋屈服呢！"或者你是肇事者，认为没有必要为从前犯过的错道歉，旧事重提只会自讨没趣，无端惹来一顿训斥，因此你会辩白："过去的事就让它过去好了，何必再提呢？"但事情远非如此简单，别人会对你的错误耿耿于怀。时间并不能冲淡一切，也不能抹杀说一句"对不起"的重要性。

你的道歉也许无法换来对方的理解，但勇于承认自己在某件事上做错了，这就足以证明你是一个成熟有担当的人。道歉不是遵守条条框框，却没有真正的悔意；也不是说得冠冕堂皇，却口是心非。

和饶恕一样，道歉是一个决定，它不仅能让受到伤害的人得到些许安慰，还能让造成伤害的人得到解脱。当你愿意承认错误并从中吸取教训，便不会再受到良知的谴责，而自觉矮人一等。除非不是发自真心，而是想推卸责任、减轻愧疚感，或者是想利用道歉来作为操控他人的武器，否则道歉总能扫除一切阴霾，使局面焕然一新。

◇道歉的三个目的◇

1. 承认自己的过错，愿意为此承担责任——我错了。

2. 知道为什么这样做是错误的——我错在哪里。

3. 从错误中有所领悟，从内疚感中得到自由——我吸取了教训，不会再犯同样的错。

道歉不是为了应付了事，而是出于一个成年人负责任的基本态度。对于何为失败的道歉，比尔·克林顿总统曾经给出过精彩的示范。为向公众撒谎而道歉，他用手指着独立检察官肯尼斯·斯塔尔说："我是撒谎了，不过，是你让我那么干的！"这一举动成了克林顿永远的笑柄，他就像是小孩一样不愿承担责任。其实，他只需坦承自己犯了错而已："很抱歉，我错了，不应该撒谎，这种行为伤害了我的家人，莫妮卡·莱温斯基的家人，以及所有信任我的人。"

此后的数月间，新闻媒体不断地炮轰此举，强烈要求克林顿重新致歉，给公众一个交代。实际上，人人都明白克林顿为什么要撒谎：没有人愿意被抓现行，不管是偷糖吃还是偷腥。他的道歉不过是一段毫无意义的说辞，只能留给人们一个印象：他很抱歉自己被抓了个正着。

第十四章　我该如何道歉

◇道歉的五个要点◇

主导一次成功的道歉，需要把握好场合、时机、准备工作、主题和临场表现。手想要灵活地工作，离不开五根手指的协调配合，这五个要点就相当于五根手指，决定着道歉的成败。

场合

选择一个没有外人在场，没有小孩，没有电话干扰的安静场所。你也许错怪了别人，甚至当众羞辱了他，因此想向对方道歉，而且很想当着众人的面为他澄清事实。不过，最好还是先单独向对方道歉，取得他的同意后，再决定是否要让更多的人知道此事。

时机

总的来说，越早道歉越好，老话说得好："不要含怒到日落。"怒气一直憋在心里，时间一长，终归要发泄出来。不过，也不要仓促地道歉，要根据对方的性格决定道歉的时机，最好是等他冷静下来，能心平气和地听你说话，在时间充裕的时候，再找个机会和他好好谈一谈，谈的时候要多听、少说，切勿与对方发生争执。

准备工作

事先想想要怎样开口。记住，简单明了，一语中的是最好的，道歉不在乎字句华丽，而在乎发自真心。事先拟好提纲能帮助你锁定道歉的主要内容。想想你该说些什么，怎么说，才能让对方感受到你的真诚和对他的关心。

请检查你的道歉内容是否包含了六个部分：

1. 开场白。
2. 承认错误。
3. 为伤害了对方道歉。
4. 打算如何补救。
5. 从这件事上吸取了什么教训。
6. 以后打算怎么做。

主题

主题明确，只要道歉就好，不要过多强调犯错的原因，以免对方误会你是在替自己辩解。如果心有不甘，觉得委屈，请控制好自己的情绪，不要表露无遗，要多想想对方好的地方。

临场表现

成功的道歉应该简明扼要，直切重点。你的身体语言、话语以及语调，都要让对方感到，你是在为他着想，而不是维护自己。见到对方时，态度要愉悦镇定，先说几句开场白，缓和一下尴尬的气氛，然后切入正题，郑重地表达歉意。

比如，当你意识到自己会错意、说错话，伤害到了对方，可以手捧鲜花跟他说："谢谢你愿意见我。很抱歉，我不是有意伤害你的。这束花代表着我的歉意，看到它让我想起你的好。我知道错了，以后没有搞清状况，我绝不会再乱说话了。"

道歉时不要说消极悲观的话：

第十四章　我该如何道歉

我们总是处不好。

我们总是吵架。

你总是……

我感觉不到……

道歉时，你的态度要积极乐观：

我们一定能克服所有的问题。

我们一定会好起来的。

我很关心你。

◇不合宜的道歉◇

每个人都知道何为虚情假意，甚至是伤人的所谓道歉。你真不真诚别人一眼就看得出来，所以，要么就不要道歉，要么就真诚一点。不要把它当成一种义务，这种歉意也许能够抚慰对方受伤的心灵，却无法使你自己得到自由。当然，放弃自尊承认错误，比起忘记过去的事要困难得多，但如果想要独立成熟地面对世界，就必须学会道歉。

然而，在某些情况下，向对方道歉是不恰当的：

1. 维护真理是正当的，无须为此道歉：目睹邪恶不公之事发生，你怎能熟视无睹呢？当你或他人的安全受到威胁，尊严受到践踏，人格受到侮辱时，感到愤怒是理所当然的，这种感觉能提醒你有问题存在。当你为此情绪失控时，可以为此表达歉意，但前提是，对方能够同意你的观点并且愿意遵守规则，改正错误，否则就是白费力气，比如：就因为上司是个工作狂，我就得离婚吗？这真是太可笑了。我对老板发脾气是我不对，但这个月我绝对不会再加班了。我不该对你大喊大叫，但我绝不允许你打骂孩子，教育他是我的工作。

2. 无须为错误的想法道歉：查尔斯·史丹利牧师讲过一件事，有一位上司因为对女职员产生邪念而向她道歉，此举使对方尴尬不已，从此以后，只要这位上司在场，女职员都表现得非常不自在。也许他的本意是想调侃甚至是奉承这位女士，但事实上，他的道歉非常不妥。

3. 虚伪的歉意是不合宜的：有些人为了抹掉过去犯下的错，拼命地作些无谓的致歉。还有些人一再地道歉更是毫无理由，只不过是为了博取谦卑的印象。

4. 道歉不应沦为自我惩罚的工具：我的丈夫曾接到一封读医学院时同班同学寄来的致歉信。二十年前，这位同学偷窃了另一位同学的显微镜，使他至今怀有沉重的负罪感，但是，因为不知道失主是谁，他便给班上的每位同学都写了一封致歉信。信中言辞恳切，充满着深深的自责与悔恨。遗憾的是，他的这种举动毫无意义，因为他没能向真正的失主道歉，没能归还自己当年偷窃的显微镜，或者是为此作出赔偿。这位医生其实是急于为自己积累多年的犯罪感寻找出口，想要获得别人的同情与认同。与之相似，许多人都相当自我，眼光一直盯在自己过去的污点上，为此饱受折磨。他们不是主动寻求当事人的谅解，积极地弥补过错，得到解脱，而是永远活在愧疚感中，抬不起头来。

假如你和这位医生一样，曾经犯过错，却苦于找不到自己亏欠的人，那么你需要事先想好用什么方式道歉比较合适，而不是像只无头苍蝇，手忙脚乱，只顾将犯罪感倾泻一空了事。医生为病人看病时，一定不会打开药柜，把每种药都在病人身上试一遍。相反，他会做足准备工作，锁定病人的病因和正确的药物，再去着手治疗。同理，在个人生活中，我们也需要这样去做，才能处理好每一件事，特别是有疑问的时候，更要找准目标，找到正确的方式，再有所行动。

◇认错◇

认错是向不知情的人坦陈你犯过的错，寻求宽恕，消除误会。愿意认错是好的，但要想好应该跟谁去说，否则也许会造成灾难。心理治疗师、牧师、心灵导师可以成为你吐露心声的好对象，但有些人则不是。对你来说认错可能是种解脱，但对听者来说却未必。其实，我很怀疑有些人认错的动机，只不过是想让自己心安理得地忘掉过去，或是用这种高姿态来推脱责任，把压力转嫁给受害者而已。很多时候，道出不为人知的秘密，只会让蒙在鼓里的受害者过于震惊，无法接受。

在CBS电视台一期《60分钟》的节目上，主持人采访了原科罗拉多大学美式足球队的总教练比尔·麦卡特尼以及他的夫人。比尔在节目中公开承认，数年前在足球队一次集体外出的途中，他曾和一位女子发生过一夜情。比尔说这番话的本意是想向夫人致歉，但结果却是这番话后，这对夫妻的目光开始躲闪，虽然他们紧握双手，但却几乎再也说不出话来。节目播出后，比尔的太太试图自杀，比尔努力想要挽回关系却无力回天。这两个人的婚姻原本已经千疮百孔，试问，比尔的公开致歉是使他们的关系更进了一步还是雪上加霜呢？

认错以前，人们应该反省：这种举动是对解决问题有益，还是会朝受害者的心再插上一把刀？如果不能为对方带来好处，我建议不要这么做。对真相不明就里的人，没有义务为了减轻你的罪恶感而再次伤害别人。其实，内疚足以提醒我们吸取教训，只要你已经意识到自己的问题，决心改变自己，就可以了。

认错的大原则很简单：如果能帮助对方，有助于你们的关系健康成长，认错就是对的。反之，如果只是急于卸下自己的负担，却会给对方带来痛苦，那这么做就是大错特错。彼此诚实相待是对的，但也要运用智慧，更不要为了得到宽恕，就将自己的错误广而告之。

道歉一次就够

真正的道歉一次足矣。也许，你是沉沦在一种不良的行为习惯中，苦于无法改变自己，因此觉得备受打击："我又犯错了，我永远也无法改变自己。"但如果是这样，你就更应该采取主动，接受外界的帮助。要知道，现实生活中，许多倡导戒酒的人曾经都是酗酒者，许多惯偷戒掉了偷窃的恶习，虐待者不再施虐，为非作歹的人走上了正路，这都是因为他们看到自己的错并且主动改错，成功打破了恶性循环。只要你是真心悔改，那么，一次道歉就该让你安心！

道歉不被接受怎么办

有时候，被你伤害的人不愿接受你的道歉：太迟了，太过分了，你的道歉缺乏诚意，态度不够好。这种情况令人泄气，但要记住：你已经为错误负起责任，原不原谅是对方的问题。如果你纠结在其中，不断哀求对方，只会在悔恨中越陷越深，无法释怀。在糟糕的人际关系中，一方央求另一方原谅的情况很常见，但这样做没有任何作用。向前看，不要自怜自艾，真诚的歉意足够为你带来自由，别让对方的消极态度夺走它。

无法道歉怎么办

有时候，你无法跟对方当面道歉，也没有对方的通讯地址或电话号码，甚至搬家、病重、亡故等因素，都会使你无法向对方说声"对不起"。犹太心理学家维克多·弗兰克尔在《活出意义来》一书中，讲述了在纳粹集中营里的亲身经历。幸存者们的身体虽然已被盟军解救，但内心却仍然活在集中营里。他们知道，自己之所以能存活下来，完全是自私自利的结果。他们曾经偷偷藏起每一片面包屑，每条毯子，每一只鞋，曾经站在一旁，眼睁睁看着朋友遭受凌辱和虐待。尽管痛悔不已，却无法弥补良心的亏欠，他们该怎么办呢？

维克多·弗兰克尔从幸存者沉重的负罪感里，悟出了一个灵性上的道理：道歉或接受道歉本身并不能让我们得到解脱，只有吸取经验教训，改变过去的生活，你我才会真正地释然。

今天是你余生的第一天

有时，如果你觉得亏欠别人而无法致歉时，不妨对自己说："我伤害了一个人，感到很难过，尽管现在已没有办法补救，但我会牢记这段经历，在今天的生活中引以为戒，把别的事情处理好。"被别人亏欠时，也不要虚掷光阴，用对方的错误惩罚自己。把过去的伤害留在过去，你能做的就是改变现在。

你可以给对方写一封寄不出去的信，表达悔意，说出自己想说的话。同时感谢对方，因为他，你学到了做人的道理，获得了人生的成长。如果能找到与对方关系亲近的人，也可以向其致歉。别只强调你从错误中得到的启示，而要强调对方在你生命中的重要作为，说说他是多么特别的一个人。

弗兰克尔过去的经历让他领悟到，今天是崭新的一天，是你余生的第一天。好好享受它，无须为任何事情费神，只需下定决心，不再听任内心消极的声音继续聒噪，打扰你的宁静，把你拉回过去。

记住，今天是你余生的第一天。

健康人际关系箴言：

1. 道歉让道歉者解脱。

2. 内疚足以提醒我们吸取以往的经验教训。

3. 今天是你余生的第一天。

第十五章

与棘手之人的沟通要点

在棘手的人际关系中,对方可能歪曲你的话,自以为对一切问题比所有人看得都透彻,根本听不见你的需要和想法,只想让你按他说的去做。这让你感到自己不过是在对牛弹琴。两个大脑波段不同的人想要正常沟通是否是白日做梦?你打算大吼大叫,保留意见,还是就此放弃?如何才能让自己不会成为又一个抓狂之人呢?怎样才能让话语具有魔力,越过层层障碍,打动对方呢?

如果太希望对方能听懂我们真正的意思,拼命纠正他说错的话,则反而很容易起到反效果,制造更多的沟通障碍。

首先,你需要知道对方是否:

1. 不肯倾听你的话。
2. 听不懂你的话。
3. 不讲道理。
4. 固执己见。
5. 不会改变。

与棘手之人沟通时，重要的不是说些什么，而是如何说。怎样措辞，使用哪种语调都很重要。话语是表达关爱的礼物，也是打击别人的武器。你可以用它来饶恕对方，也可以说出伤人的话，给对方当头一棒。和棘手人物相处时，我们的话里也常常带着刺，这只会加深两人的隔阂，把对方推开。你是想要造就你们的良好关系，还是想毁掉它？

许多传授沟通术的书籍是针对愿意正常沟通的人写的，但针对棘手人物，就不能按常理出牌。他每次都把对话引向论战，怎能期待和平解决问题呢？尽管如此，你只需要知道，对方能感受到你的意图，感受到你是在向他表达尊重还是厌恶。对你的批评，他们也许故作坚强，面带笑容，但内心其实非常不悦。

善意的话谁都爱听。记得住在波士顿时，我们的隔壁搬来了一位外国人。除了可以自己买东西，找到回家的路以外，他几乎完全不懂英文。我和保罗就想帮助他熟悉社区里的生活，比如垃圾通道在哪里之类的事。当时他一头雾水，但看着我们比手画脚，咿咿呀呀，还是领会了我们的意思，感受到了来自邻居的关心。你想要的也许不过如此吧。虽然沟通不畅，却仍想传达善意，寻找着可以和平对话的方法。

◇ 沟通要点 ◇

欢笑

经常和对方一起笑笑。不是嘲笑，而是快乐地笑。摇摇头，不是气愤的那种，而是幽默的那种。当对方提出一些意想不到的问题时，你可以回应说："我从来没有这样想过！真的吗？你真的这么想？"笑声能够化解愤怒，让握紧的拳头放松。

善用行动

我想起了民主党前参议员哈罗德·休斯到华盛顿出席国家祈祷早餐会，向五百位来宾演讲时的一段插曲。一位年轻的女侍不小心把甜点弄撒在哈罗德的身上，在众目睽睽之下，一片寂静声中，她懊恼不已，慌乱地道歉，拼命擦拭着掉在参议员外衣和白衬衫上的污渍。

哈罗德轻声对她说："没关系，可以了。"女侍清理完最后一块樱桃派，拿起毛巾准备离开。参议员看到，她双颊通红，仍旧带着一脸窘迫的表情，于是明白虽然自己真心地安慰了对方，却没有起作用。于是他站起身，轻拍她的脸并亲吻了她的脸颊。女侍脸上的红潮霎时消退，抬头挺胸，带着一脸灿烂的笑容离开了。今后，她不会再为这件事感到丢脸，而可以这样讲述："我把樱桃派打翻在哈罗德·休斯参议员身上，可他却当众亲吻了我！"

休斯参议员懂得话语能造就一个人，也能伤害一个人。他知道，有时候，我们并非说得不够好，但对方就是听不进去。因此，不仅要说，还要付诸行动，让对方在内疚、羞辱、愤怒或痛苦时，也能听懂你的话。

控制情绪

一位女士流泪向我讲述了自己如何失去两个儿子的事。她的大儿子品行端正，是个好孩子，但进入医学院学习的第一年感染了肝炎，很快就去世了。而小儿子却不同，他吸毒、酗酒、没有责任感，令她伤透脑筋。一次，小儿子偷她的钱时被她发现了，这位女士绝望地对他大喊："要是没生你就好了！"听到这句话，儿子呆若木鸡，说道："是啊，要是没生我就好了。"说完他走出了家门。三个小时后，警察来找她，说："很抱歉，我们发现了你儿子的尸体，他开枪自杀了。"这位女士立刻意识到，是自己的话惹了祸，她痛悔不已："我不该说那种话，其实我很庆幸自己还有他。"

是的，情绪失控很容易让我们把事情搞砸，错失拉某人一把和用爱带来改变的机会。

内心强大

你要始终记住，你爱对方，关心他，决心挽回你们之间的关系。所以，当他践踏你的自尊时，你不能受不了，阵脚大乱；当他质疑你的目的曲解你的话，或对你的话完全没反应时，你必须抬头挺胸，不予理会；当他胡搅蛮缠，甚至当着你的面摔门时，你不能过于敏感。

表达的艺术

消除隔阂最好的方法是表现出你的关切之情。婴儿不会说话，却自有一套表达方式，他会伸出手，轻抚你的脸，表示"我爱你"。你的愿望也是这样，就算你们的看法完全不同甚至相反，就算对方不接受你的想法，你还是希望他能感受到你的爱。因此，如何表达你自己很关键。

坏话，左耳进右耳出

对于不好相处的人，你要学习去尊重他，把对方当做公司里的某个怪人那样去对待。好话要听进去，坏话要左耳进右耳出。就像羽毛留不住水珠，在你心里，对方的消极言行也必须不着痕迹。任凭其讨价还价，无理取闹，大肆说教去吧，他不过是在给他自己丢脸，这种行为可笑至极。

倾听

我们都倾向于排斥无理之人的说教，认为他们是在胡说八道。也许的确如此，但听一听对你并没有坏处。真正聪明的人不是善于纠正别人错误的人，而是懂得挽救对方尊严的人。耐心倾听，思考过后，再尝试从他的角度劝说他。"嗯，我会注意的。"这种态度对于沟通十分重要，能避免发生冲突。

曾经有一位个性挑剔的女病人告诉保罗，护士让她吃了一种会嗜睡的药。保罗查看了她的药品清单，并为她详细介绍了每一种药的副作用。他知道清单上并没有这种药。病人不甘示弱地回答："我知道这些药不会有问题，但是护士的确给我吃了某种东西，让我想睡觉。"

保罗没有与这位女士争辩，而是带她去找护士，并且让后者凭记忆说说都给她吃过哪些药。护士说出了一种镇静剂的名字，那是几周前她从住院部带过来的。事实证明，病人是对的。所幸保罗尊重了病人的质疑，没有与之发生不快，所以就无须纠正自己，为可能的态度不佳道歉了。面对棘手之人时，心态要大度，不要立刻下结论。对方如果不被倾听，就会更加大声地抗议。你可以不喜欢他，不认同他的话，但必须尊重他表达想法的权利，唯有这样做才能平息噪音。

积极回应

积极地回应对方，如：我了解你的担忧了，你的意思是说……谢谢，你把问题说得很透彻。别抱怨，对方可以从你的态度上看出你是急于驳斥他，认为他很可笑，还是在认真听他讲话。

当你回应对方时，冲突便不太可能发生，有时还会带来惊喜。常见的有三种情况：一是他不再情绪激动，剑拔弩张的局面得到缓解；二是像保罗所经历的一样，对方的话可能得到证实；三是他愿意放下自己的想法，试着接纳你的意见。

回应对方的作用有：

1. 表示你在倾听。
2. 修正对方曲解的意思。
3. 让你的情绪稳定。

4. 消除隔阂，减少摩擦。

5. 停止互相指责。

6. 对方可能让步。

7. 关系可能朝好的方向发展。

8. 也许，你可以自由表达意见了，也许！

一位男学员在积极回应让他头痛的人道："那是我生平第一次认真倾听对方说话，生平第一次没有这样想：大错特错。又来了，真不敢相信他会说出这种话。生平第一次把对方当成是自己渴望了解和尊重的人。我没有纠正他的错误，驳斥他荒谬的想法，没有被激怒，只是安静地倾听，积极地回应。结果我惊喜地发现，自己不是那么排斥这种对话了。"

这个人所做的事并不容易。他必须竭尽全力才能不翻白眼，不去维护自己，不和别人辩解。他听懂了对方的心理需求，听到了以前没有听到的东西：面前的这个人急需得到关注，平时他摆出一副臭架势，就是因为觉得没人能听懂他的话，没人认同他。当一个人剑拔弩张，处处想要维护自己，表现得很强势时，他的内心往往很脆弱，十分需要得到肯定。所以，不仅需要我们用耳朵听，还要用心来倾听。

有些人习惯用威胁式的语气来向对方提问，以此作为回应，这种做法很容易引起冲突，比如：你是说……？你真是这个意思？你以为……？从过去的经历来看，你觉得说这种话正确吗？

赞扬

一句赞扬的话能使铁石心肠柔软下来。你无须羞于启齿，也无须夸张，语言中肯贴切就可以了。这种恰如其分的赞扬能让对方放松下来，不再对你有所防备。比如可以这样说：你的语言表达能力真强。你的热情太让我惊讶了，我要是能有这种热情就好了。同样的例子还有：

第十五章 与棘手之人的沟通要点

1. 是吗？真有意思！
2. 这么好的点子，我怎么就想不到呢？
3. 这个想法很有新意。
4. 也许你是对的。
5. 我怎么没看出这两件事有联系？
6. 嗯，你的确深思熟虑过。
7. 你还想过解决方案？太好了！
8. 你还征求过别人的意见？得到满意的答案了吗？

没有什么能比与棘手之人有效沟通更令你心情舒畅的了。不过，即使你的做法都正确，也很可能遭遇打击。当你感到自己正在失控，忍不住又想纠正驳斥对方时，请结束谈话。对方不是一个讲理的人，与之谈话很不容易，有时只能一步一步来。

◇不要开战◇

无须和棘手之人开战，不管他做了什么事，影响了你还是什么人，都是他自己的问题。的确，要和亲近之人保持距离是一件痛苦的事，你为可能发生的状况忐忑不安。但如果想要使自己情绪稳定，就不得不这样做。

当对方的话关乎你的利益，你忍不住想维护自己，澄清误会时，最好忍一忍。不过，如果是关乎孩子的事，就有必要纠正对方。孩子缺乏辨别是非的能力，对状况不明就里，因此需要得到保护和正确的引导。

一位学员说："我终于知道什么叫做无地自容了。我曾经邀请弟弟来我的俱乐部听一个人演讲。哪知听完后，弟弟竟然当着所有人的面狠批演讲者，令对方呆若木鸡。我先是想站出来维护弟弟，然后又想去维护演讲者。最后，我走开了。那个人是成年人，他可以维护自己。而且，他将因此学会一项新技能：如何面对听众的严厉质疑！"

有时，对方不肯接受你的帮助。比如，自从你的母亲过世，父亲就性情大变，滥用药物寻求安慰。他的年纪越来越大，这种现象也越来越严重，不仅拒绝接受帮助，还言辞激烈，让人难以接受。这种情况下，你千万不要和他开战，该做什么还得去做，包括多花些时间陪他，尽量不让他开车，一方面和他好好谈谈这个问题，另一方面打电话给医生，告知这些情况，以便取得支持、让他减少药量，等等，做你能做的一切。

◇不是为了获胜◇

沟通的目的不是获胜。当对方误解你或某个人时，可以平静地予以澄清：

1. 你误会了，我不是这个意思。
2. 我的理解不太一样。
3. XXX 不会这么想的。

不要争辩，无须重申观点，只要客观地表达你的意思就可以了。

一个护士说自己曾遇到过一个病人，她错误地理解自己的病情。护士几次尝试修正她的主观看法，但她仍然固执己见。于是，护士没有再说什么。显然，那位女士根本听不进别人的话，认定自己才是正确的。这种时候，一再强调事实，想改变对方，只会加深隔阂。

斯蒂芬·柯维在《高效能人士的七个习惯》里指出，成功的沟通是双赢的，它的前提是双方都愿意求同存异，作出某种程度的妥协，从而使彼此获益。但与棘手之人对话时，我们不得不考虑到现实的残酷。妥协应当是双向的，而对方却将自己的意思当做圣旨，强迫别人执行，他每次都会这样说：我才是对的，照我说的办！

杰出的儿科医生艾佛瑞特·库普在1968年至1977年间任美国公共卫生局局长，他本人强烈反对堕胎。当时，主张生命权和选择权的两大阵营分别提出了议案。国会要求库普拟出一份能同时安抚二者的议案。库普明白，支持者绝不会接受无条件地限制堕胎，反对者也不会接受毫无限制地允许堕胎。考虑良久之后，他拟出了第三项议案，提出除强奸，乱伦，危及母亲生命以及胎儿严重畸形四种情况以外，严禁堕胎。

因为主张生命权的阵营拒绝降低标准，第三项议案最终遭到了否决。库普虽然反对任何形式的堕胎，但却选择了保持中立，作出妥协。他难过地说："虽然这项议案并不能完全杜绝堕胎行为，然而一旦能达成妥协，堕胎人数将由每年的三百万减少到这个数字的百分之五。"

问问自己：为了把心意传达给棘手之人，在忠于自我的前提下，我愿意作出何种程度的妥协？

◇做你该做的◇

棘手的人际关系最容易造成情绪冲动。你多么希望友善地对待对方，但对方的话却让你感到绝望。对方把自己的需要寄托在你身上，将你越箍越紧，而你急于与之保持距离，急切地想表达自己的想法和需要，这就会让你的情绪像是发热的电路一样。

也许，因为财产、感情或子女问题，你们发生了纠纷：前妻或亲家威胁说要收回你对子女或孙儿的探视权；或者，你是一个家庭主妇，没有一技之长，生活的全部就是带孩子，丈夫仅仅把你当做性工具，长期虐待你的精神和肉体；上司不近人情的举动令人生畏，但你不能没有这份工作；商业伙伴与你发生了纠纷，他握有你全部的钱，让你面临破产，等等。问题不会奇迹般地消失，大吵大闹或者央求对方也是没有用的。信守决定，做你该做的事，并提醒自己：

1. 我会为自己的言行负责。
2. 心态要平和，思想要开放。
3. 倾听并尊重对方的需要。
4. 虽然知道对方的话不一定对，我还是会认真地倾听。
5. 说什么和怎样说同等重要。
6. 不管对方如何对待我，我都要做正确的事。
7. 我会尽力避免卷入混乱之中。
8. 我随时准备调整自己。

与棘手之人的沟通令你望而却步，生怕再一次受到打击。不过，看看乌龟是怎么做的：每一次，当它伸出头，它就在进步。

> **健康人际关系箴言：**
> 1. 沟通不只是说正确的话，也是做正确的事。
> 2. 目标明确，态度坚定。
> 3. 沟通的目的是求同存异。

第十六章

欣赏"求同存异"

在大自然中，不同的物质往往奇妙地结合在一起：月球引力和海洋制造了潮汐，电池有正负两极，酸碱平衡身体才会健康，两组肌肉群往相反的方向牵拉，完美地完成协调动作，昼夜不息，四季轮回。这些"不同"创造出了种种奇迹，但在人际关系中，我们却习惯强求对方和我们一致。

人们觉得，不同是好的，但它绝不能成为我们私生活的一部分。因此，父母亲听到别人称赞自己的孩子"他真像你"时，自豪感会油然而生。讲到某个问题人物时，人们则会这样形容他："他不像这个家里的人。"在家庭里，与众不同的人注定是个边缘人物。家人们会认为他不合群，总是让人难堪，把事情搞砸。其实，这种观念是错误的。实际上，人与人的不同能够：

1. 丰富彼此的生活。
2. 拓宽思路。
3. 创造可能。

马克·罗森在《问题人物》(Why Are People Difficult)里写道:"我们会欣赏和自己有相同之处的人,却会排斥与自己不同的人,拒绝放下自己的价值观,去了解别人,站在不同的角度看世界。"

当不同出现在亲近之人身上时,我们更会为之抓狂。有一位百万富翁,同时是一家大型能源工程公司的创始人,在州选中获得压倒性的票势,当上了州长。他慷慨仁慈,是一位杰出的领导者和谈判家,面对公众时举止完美,说起话来激动人心,看问题高瞻远瞩,能让一个个难题迎刃而解。出了家门,他处理所有的事都游刃有余,但在家里,他却是另外一种样子。

这位州长能包容并欣赏政界和商界密友们的个体差异性,他认为这种差异利于在工作中碰撞出火花,虽然对方与己是不同的个体,但都具有性格魅力和胜者风范。不过,在家里,他却把太太和儿子的不同之处看做是一种威胁。他搞不懂,太太为何情愿待在家里,不愿陪同他出现在公众场合。儿子为何埋怨父亲的身份让自己在生活中处处受限,因此情愿一个人安安静静地在家听音乐上网。他被至亲的态度激怒了。

州长不明白,外人都崇拜他,好友都为他鼓掌,为什么最亲的人却对自己的成就视而不见?甚至埋怨他给他们造成了不便?这使他头疼不已。他没有意识到,其实是自己的强求造成了这种局面,他一心希望他们能达到自己的期望,却没有弄清他们也有自己的情感需要。

在太太和儿子的眼中,州长才是那个需要调整的人。太太很不理解:"我的丈夫是个工作狂,早上,他拿出工作日程表,晚上又一一打钩。虽然在外面是个绅士,但在家里,他却是个粗暴的人,总是指责我们,说你应该这样、不该那样。我不明白,他怎么就看不到我们好的地方?"

儿子就更生气了:"爸爸才是问题的根源所在。出了家门,他总是满脸堆笑,但是在家里的态度却很糟糕。"

所以,如果不能彼此尊重,求同存异,人们就会相互疏远。

第十六章 欣赏"求同存异"

◇ 正确的认识 ◇

在棘手的人际关系中，我们应该有哪些认识？我们该如何使自己的思想和情感保持平衡？有了这些认识，我们便不会批评别人，而是审视自己，在说或做一件事之前，想想它是否会伤害到别人，从而反省自己的错处并及时改正。我们应学习去欣赏不同的东西，而不是视其为障碍，也不要试图改变对方，因为这样做等于是在违背自然规律，其结果非我们想要：

1. 打击他的自尊。
2. 拒绝接纳真实的他。
3. 破坏关系。
4. 错失丰富自己、拓展思路的良机。

认识一：认知方式不同

某人做事的方式与你不同，让你感到困惑不解。这是因为他头脑中的正确标准与你的不同，你认为这是最起码的，但对他而言那才是最起码的。因此，面对你的期望，他也会一头雾水。

比方说，有些人习惯每天打个电话给家人，有些则只在发生重要的事情时才打。试想，当前者嫁给后者时情况会如何，两人都认为自己的做法才是正确的，对方的是错误的。这种"小事"往往就是危机产生的导火索。当这样的小事不断地发生在同一个人身上，人们就会认定他是个不合群的人。正确的态度是，和对方交流沟通彼此观念的不同，不是把不同之举看做对自己的侮辱，而是看做增进理解、改善关系的机会。

认识二：不一定是我的错

过去的问题时常成为现在的定时炸弹，它如果没有得到妥善的解决，就会影响今后的人际关系。例如，有些人会把别人当做从前的某个棘手之人去对待。

我曾经当过数年的老师，同事中有一位女老师，人送外号"白雪皇后"。记得安徒生童话里冷艳的雪后吗？是的，她非常美丽，但你越是接近她，心就感到越冷，因为她总是批评和操控别人。刚开始，我以为是我有问题，但不明白自己究竟做错了什么。后来才知道，原来，这位老师小的时候和母亲的关系有问题，因此她习惯于把消极情绪转嫁到所有女性的身上，也因此，她和任何女性相处都会出问题。知道不是我的错才让我如释重负，丢掉了负面想法，恢复了正常的生活。因为那是她的问题，不是我的。要记住，遇到棘手人物时，不一定是你的错。

认识三：性格差异

一个人的思维和表达方式与他的性格密不可分。

你的性格决定，你会更认同某些人的语言表达方式。下面四句表述是不同个性的人表达关心的独特方式，你最喜欢哪一种呢？

1. 你做得很好，我相信你的能力。
2. 弄完后打电话给我，我们一起出去吃饭。
3. 你应该这样做……
4. 我来帮你做……

在你听来，怎样才算是在表达关心呢？而怎样听起来又像是漠不关心、干涉或是操控？

就像身体需要吃饭睡觉一样，情绪也需要休息、补充能量。外向型的人在社会交往中获得能量，内向型的人则在独处时获得能量。虽然外向型人也可能为人保守、不太发表意见，但长时间独处会使其感到郁闷。内向型人虽然可能聪明伶俐、讨人喜欢，但社交时间太长会让他们落落寡欢，就想要走开、安静下来养精蓄锐。精力如果得不到恢复，无论是哪一类型人，都会感到情绪低落，严重时会否定自己，对自己的能力以及人生产生怀疑。

与此相似，人们的分析决策方式也与性格有着重大关联，所以我们会把人分成理性思考者和感性思考者。前者无法理解后者敏感细腻的思维方式，后者则认为前者冷酷无情。事实上，这二者能够完美地互补，但在现实中，他们却常常发生冲突，不愿尊重对方。

我们必须学习尊重性格差异性，认真地听懂别人的意思，而不是因为对方的表达方式与自己不同，就立刻感到被冒犯，产生负面情绪。

认识四：忠于自我

有些人的行为看似古怪，其实只是在忠于自己的感受。成熟的人在尊重他人的同时，也能毫无畏惧地表达真实想法。他们希望彼此友好相处，但也决不允许自己的权利遭到践踏。

一位女学员说："因为和家人住在同一个城区，所以每个礼拜天他们都邀请我们过去吃饭，但我们有时也会拒绝，因为有事、太累，或者就是不想去。"

即使是面对家人，我们也可以说"不"，不用觉得非得接受要求才行。只要方式正确，说"不"和说"是"一样重要。不过，无论是接受还是拒绝，都必须信守决定，这不是为了完成任务，而是要给自己一个交代。

认识五：到此为止

许多人虽然已经成年，但情感却依然停留在孩提时代，他们带着巨大的情感缺失和没有得到满足的需要，心灵深处无比饥渴、恐惧。他们想尽办法不让自己受到伤害，因为心理状态不健康，要么会标榜无所不知，无所不能，想要操控一切，拒绝别人善意的帮助；要么会以受害者的姿态出现，无病呻吟，竭力寻求别人的帮助。

这些人想方设法让别人介入他们的生活，用他们想要的方式请求别人帮助他们。此时，我们必须意识到，自己的责任到此为止了。我们可以忍受他提出要求，但不能为了满足他而打击我们的自尊，或与别的责任发生冲突；我们愿意伸出援手，但没有责任替一个人去面对世界；我们可以包容对方的叛逆，但一再碰到钉子时，我们也有自由说"够了"。我们不必无谓地帮助他人，也不必为此感到歉疚，因为我们还有自己的日子要过。

◇不同是好的◇

一位年迈的老人下课后来找我交流，他65岁的独子因为心脏病去世了，老人带着太太来听课，想安抚彼此悲痛的心情。他手里握着帽子，忧伤地望着我说："谢谢你讲到男性和女性对于悲伤的表达方式不同，我不了解自己的太太，误会了她。"当时我很吃惊，眼前的这个人结婚已经70年，却说不了解自己的太太。

这位老人不是想要改变妻子，而是渴望去理解她，这是一件很好的事。70年来，和另一个人生活在一起，他学会了不要奢望去改变对方。夫妻往往渴望成为一体，想我所想，感我所感，走同一条路。这听上去很好，实际上却非常可怕，因为当两个人变得一模一样时，他们都会失去自我。只有尽量完整地保持两个人的个体性，携手前行，彼此的关系才会健康成长！欣赏至亲的不同之处能使我们心胸宽广，眼界开阔。

第十六章　欣赏"求同存异"

欣赏"不同"

我曾经在弗吉尼亚州参加过一个派对。那天，天空湛蓝，两百多只五颜六色的氢气球被同时放飞。短短几秒钟之内，漫天遍地都是漂亮的气球。有的与轻风共舞，飘到近百米的高空，然后消失在视线之外，有的漂浮在地面上，还有的被卡在了树杈上，高高低低，妙趣横生！我顿时产生了联想。

没有更好的观点，没有更佳的角度，它们只是不同而已。低处的气球可以自豪地说，高处的气球错过了自己看到的景象；高处的气球也可以说，自己居高临下的视野才是独一无二的；就连挂在树上的气球也拥有自己独特的视角。所以，不要因为身边的人跟你的飞行高度不同而抱怨。每个人的经历都是无法取代的，只要不给别人带来伤害，不同就是好的。分享彼此的故事，我们就能看见不同的世界；汇聚各自的视角，我们就能将全世界尽收眼底。

健康人际关系箴言：
1. 如果不能彼此尊重，求同存异，人们就会相互疏远。
2. 改变"不同"不过是徒劳，只有欣赏它。

第十七章
紧握对方的手

  如果你有这样的朋友或是家人，他放弃自己的人生，破罐破摔，你一定不忍心袖手旁观，何况不管不问也是错误的。作为局外人，你的观点也许能带给他某些启发，使他豁然开朗。很多人以为帮助别人是心智完美的人才能做到的事情，但世界上几乎不存在这种人，如果我们现在不去关心他，一拖再拖，对方将会越陷越深，到时就太迟了。

  更糟糕的情况是，对方不仅弄砸自己的生活，还影响到你的生活。他的行为不断伤害你和其他人，这让你坐立难安。虽然并不想干预对方的生活，但为了保护自己和他人的权益，你还是必须站出来。

  也许你有很多顾虑：我的帮助会被接受吗，会起作用吗，还是会帮倒忙？我该略尽绵力，还是该趁早打消这个念头，免得被看做是多管闲事？你不想被看做是无暇顾及他人的人，但也不想用不恰当的方式帮助对方。你见过，有些人心太急，毁掉了本就脆弱的关系，你见过付出时抱有私心的人，见过退避三舍的人，也见过因为得不到帮助而彻底崩溃的人。过去的经验告诉你，助人是有正确的方式和错误的方式之分，而你当然是想用正确的方式去帮助。

第十七章　紧握对方的手

◇帮还是不帮◇

有些人的需要就像是无底洞。你给得越多，他要得越多，直到你也跟着越陷越深。但有时情况恰好相反，你越想帮助他，他就越是抗拒而不肯接受，也许他会短暂地改变自己，但不持久。

如果坚持一定要干预对方，得到的回报很可能只有憎恨；如果你的帮助没有令对方振作起来，你会感到内疚；如果你为他作出了牺牲，他却搞砸了这个机会，你会生气；如果他视你的帮助为居高临下，你会莫名其妙地被视做操控者；如果你触碰了隐私这层微妙的界线，他会怀疑你的动机；如果你感情用事，选择包办代替，只会让对方的依赖性越来越强。因此，你不知如何是好，伸出援手就像是踏入雷区，一丁点错误就会使全盘皆输。

"冰冻三尺非一日之寒"，关系问题是多年形成的，解开它更需要花费很长的时间，而结果也没有绝对的保证。对方很可能在你或他的有生之年都不会改变，即便如此，还是值得你为之努力。也许，你无法让一个人彻底改观，也许只能帮到一点点，但，恰恰就是这一点点，或许能给他力量战胜自己。

◇打动人心的帮助◇

我曾参加过一场基督教主题聚会，由三个主讲人分别诠释"倾听"这一主题。第一位演讲者强调，倾听就是帮助。第二位讲述了自己的女儿如何被人杀死在路边,她的孙子亲眼目睹这一幕惨剧,以及对上帝的信心如何带给她平安和慰藉,讲述催人泪下。当时,坐在我身旁的一位女士泣不成声,一个月前,她的独子自杀了。她不断地哭诉:"我来听这场演讲是想得到帮助。我明白倾听就是帮助,儿子死后,所有的朋友都认真地倾听过我的话。但我却得不到丝毫安慰,是我的信心不够坚强吗?我快要活不下去了。"幸运的是,第三位演讲者回答了她的疑问,并说出了一个重要的事实:帮助者不光要倾听,还要能打动人心。

他说:"倾听的目的是让倾诉者的情绪得到宣泄,信心指的是相信上帝。二者是不同的。你此刻需要的不只是倾听上帝柔和的低语,不只是被倾听,也不是有人为你解开谜团或是纠正你的不足之处,而是有人为你指明方向,让你看到乌云镶有金边。同时,你也必须正视悲伤对你生理和心理造成的影响,积极地调整自己,走出困境。"

这位演讲者的话让我回想起女儿弥留之际的情景。当时,7岁的莲躺在她父亲保罗的臂弯里,身边站着刚为她作完检查的三位医生,除了能判定是某种流感病毒引起的脑膜炎以外,他们找不到其他病因。医护人员为她做心脏起搏,用引流管排出颅内积液,用呼吸机和其他医疗设备来稳定她的状况。在那种时候,保罗却离开了病房,他说,莲的病情一定还会恶化,他得趁这段时间返回工作岗位,去给病人们看诊,其实这是他逃避现实的表现。

三位医生都是我们的朋友,都很关心莲,他们深知自己已无力挽救她,于是坦诚了各自的看法和担忧。但其中只有一位打动了我们,引领我们走出了迷雾。第一位医生说:"贝蒂,莲已经脑死亡了,就算能活下来,她也会成为植物人,不会说话、走路或用任何方式沟通。她会又盲又聋,像胎儿一样蜷缩着一动不动,这样生存没有任何意义。"他的话让我筑起了心理防线。当时我想:"不会的,你不了解莲的毅力、我们的决心和上帝的能力。"

第二位医生往保罗的办公室打电话,他知道莲可能撑不过几个钟头了,所以他说:"保罗,情况很糟。"保罗有没有领会他的意思,放下手头的工

第十七章 紧握对方的手

作，赶到医院来呢？没有。保罗回答："我知道，是很糟。"然后工作得更卖力了，好像有人在逼他履行工作职责一样。其实他是无法接受这残酷的现实。

第三位医生博伊斯·贝里却使我们看清了现实。他含泪对我说："贝蒂，我们已经尽了全力。机器留不住莲，她正在离去。昨晚我一夜没睡，苦苦思索，但真的不知道还能做些什么。"贝里医生很关心我们，为挽救莲倾尽了全力，最重要的是，他没有用消极的话猛敲我的脑袋，而是客观中肯地说出事实：医生已经不能再做什么了。

莲离去的时候，保罗和我紧紧地搂着她，轻声说："莲，你会没事的。"

消极的话就像是拳头，除了打击对方，别无其他用处，一味响应对方的话也起不了任何作用。在黑暗中摸索时，我们需要的是，有人伸出手来把灯打开。也许，你就是这个能为对方开灯的人。记住，帮助不是教导，而是客观地说出事实并给予指引。

正确的帮助是：

1. 尊重对方。
2. 鼓励支持对方。
3. 为对方提供客观的见解。
4. 倾听并指引对方。
5. 让对方看到希望。
6. 避免共同依赖。
7. 鼓励互相依赖。

我有一位朋友，她陪着妈妈参观了许多家养老院，从各方面进行对比，想选择最好的一家。妈妈比较偏向于其中一家，认为除了饭菜不太可口，其他方面都很好。这位朋友温柔地提醒她:"妈妈,除了饭菜以外,你最喜欢这家,那说明这就是最好的选择,因为其他养老院的饭菜你也都说不可口。"

积极的话让人感觉良好,哪怕只是一个小小的举动,也能帮助对方作出正确的决定,哪怕忠言逆耳,相信听者也愿意接受劝告。

◇不正确的帮助◇

如果不能用正确的方式去帮助,你会越帮越忙,给自己和对方都带来害处:

1. 纵容对方不负责任。
2. 每次发生相同的问题你都跑来帮忙。
3. 急于解决眼前的问题,却损害了将来的利益。
4. 放弃了义理。
5. 帮助未果,你就觉得自己做得不够好,产生消极情绪。

一个大学生来找我,问:"你能给我什么建议吗?我有个朋友,他嗑药、酗酒、夜夜笙歌、虚掷人生,后来辍学结了婚。一直以来,只有我做他的朋友。有一阵子,他渐渐明白自己糟蹋人生的行为很荒唐,戒了毒。可是,他的太太却觉得,从前那个爱玩的他不见了,于是抛弃了他。他非常抑郁,又嗑药了。我告诉他,今年夏天我会和一位室友到他爱尔兰的家乡去玩。这位朋友说想和我们一起去。我没有勇气对他说不,但他去一定会带来灾难的,我左右为难。"

这个学生抱怨朋友让自己难做人,但又不想跟对方说"不"。我建议他

第十七章　紧握对方的手

开诚布公地和朋友说清楚，比如，他可以平静地说："你吸毒这件事是个问题。为了你，为了我的室友及家人着想，你不能和我们一起去爱尔兰。你是我的朋友，但，不行。"

不过，这位年轻人最终还是没有和朋友说这番话，也没有去爱尔兰度假，因为他害怕对方会生气，和自己断交。某些人固执己见，陷在自毁行为模式里无法自拔，想要改变他就像是踢驴屁股。实际上，驴并不笨，只是个性太固执，所以得不到应得的肯定。相形之下，这位帮助者倒真成了榆木脑袋，他的某些行为受到了对方的辖制。从很多方面来看，他和他那位朋友的相处方式很不妥，他也没有意识到自己的很多行为都令事情变得更糟了。

帮助有自毁倾向的朋友或家人时要特别留意，如果不能与之保持适当的距离，自己很容易受到消极的影响。上瘾不是唯一的一种自毁行为，还可能表现为专横跋扈的父亲命令已成年的女儿一定要搬回家住；依赖性很强的成年人不愿离家独立生活；名为朋友的人却伤害你们的友情，等等。不管是哪一种情况，伸出援手之前，问问自己："这样做对他真的会有帮助吗？"如果想让对方独立起来，就必须设立界线。

虽然我们的动机是要挽救一个人，但如果过分保护他，不让他负责任，就是在鼓励他变得越来越喜欢依赖。父母如果过分保护孩子，不让其受到任何伤害，也就破坏了孩子成长的机会，让他不敢独立生活。帮助别人也是这个道理：要鼓励独立性，而不是依赖性。

◇尽力而为◇

长期的消极行为模式会俘虏一个人的意志，严重损害他的自尊，使其无力自拔。你需要尽早出手干预，鼓励对方逐步恢复心理的平衡，打破恶性循环。

帮助并不总是受欢迎、被接受。也许，你曾有过这种经历：恳求长不大的孩子不要伤害自己，不要虚掷人生，却毫无作用；流泪哀求女儿，她却一个字也听不进去，就是要嫁给那个会毁掉她一生幸福的男人；你把你所爱的人从邪教组织中成功解救出来，他却又自己跑回去。你深知眼看亲近之人毁掉自己生活的那种痛楚，但有些帮助会成功，有些会失败，只是不要因此停住脚步。

你不可能保护每个人，不可能替他解决所有问题，纠正所有错误。一位牧师睿智地说："从前，我总是过分保护信众。后来我意识到，他们总是被动等待别人替他们解决问题，缺乏独立性。所以，我退到一旁，让他们鼓起勇气独自面对困难，除非万不得已不要寻求帮助。面对棘手人物也是一样，他们自己能够学到许多，如果知道被误解是什么感受，也就懂得不要这样去对待别人。"

一次观看儿童棒球赛时，一位母亲站在我前面的位置上，我非常替她的两个女儿担心。这位女士因为腾不出手来喝彩，表现得很失控，她举起手中哭闹不停的婴儿，朝赛场上尖叫。另一个四岁大的女儿急切地想安慰宝宝，两个孩子的脸上写满了恐惧。我知道，如果正面指责这位母亲，回家后，孩子有可能会被打个半死。所以我慢慢走到她身旁，轻声对她说："赛场上哪个是你的孩子？瞧瞧，你的手不空，不过你做得还不错。这两个孩子很可爱，我的孩子年纪大一些，带他的时候我都感觉累极了。"这位妈妈一开始不明白我想干吗，不过她平静了下来，然后让我逗宝宝玩，宝宝停止了哭泣。她是个陌生人，比赛结束后，我也不会再见到她，我知道自己无法阻止未来潜在的危险，但能帮一次是一次吧。谁知道一句贴心的话能起到什么作用呢？见一次面尚且如此，更别说那些长期相处的人了。

每年圣诞节，福利院的孩子都会进行为期一周的家庭生活体验。虽然时

第十七章　紧握对方的手

间短暂，但也可能发挥巨大的作用。一位孤儿在此事过去 40 年后，写信给当年拜访过的圣诞家庭：

"在你们家度过的短短一周改变了我的一生。我永远无法忘怀那年的圣诞节。世界上竟然有这种和乐融融的家庭，父母疼爱孩子，孩子爱戴父母，这令我惊讶不已。当时我就下定决心，将来一定也要拥有这样一个家。现在，我实现了这个梦想，方便时，非常欢迎你们也来我家做客。"

◇硬起心肠◇

明知对方的行为可能带来不好的后果却袖手旁观，是一件困难的事，但有时我们不得不硬起心肠。一对夫妇的儿子自杀身亡，他们因此日夜挣扎在愧疚感里，一位熟人对他们说："这并不是你们的错，而是你们儿子的错，是他选择要结束自己的生命。"这句话最终使他们得到了解脱。是的，许多时候，我们宁可相信，如果我们再多帮一把，对方就会坚强起来，多帮一把，就能阻止对方彻底崩溃。但是，除非这个人自己下决心要站起来，否则你无法真正改变他。过多的帮助会使你们形成共同依赖性，无法离开彼此正常生活。最终，要么两个人都崩溃，要么让其中一人过于懦弱，无法独立。

一对夫妇的故事形象地说明了什么是正确的帮助。他们患有狼疮（注：狼疮是一种系统免疫性疾病，完全依赖药物和专业治疗）的女儿急于离开家乡，到几百公里外的大学学习，父母虽然舍不得让女儿独立生活，但经过心理斗争，还是选择放手让她去。经历了一些挫折之后，他们的女儿在学校过得不错。没过几年，女儿再次提出，想到更遥远的地方去，请求父母让她夏季时随红十字会到偏远地区去提供医疗服务。这个要求让父母恐惧不已，他们一再强调，那会严重威胁她的生命：在那种环境下，她很可能遭遇缺医少药，细菌感染，还有安全问题，等等，实在是太危险了。不过最后，他们还是答应了女儿的请求。他们说："我们费了九牛二虎之力，才让自己答应了辛迪的要求。她成行前的那个礼拜，她妈妈一直在呕吐，但还是送她到机场。我们说服自己，比起回不来的概率，她更有可能平安回来。当她回来时，她会感到更加自由、更有力量，能更充实地去生活，而不是感到自己有病，很多事情做不到。我们是把她绑在自己的腰上，或是放手让她自由飞翔，我们选择了后者。"

◇人际关系是一件礼物◇

帮助别人并没有绝对的保证，也许能帮到，也许不能。不过有一点，帮得不对不如不帮。

正确的帮助需要这样说：

1. 只要你需要，我随时在这里。
2. 你做错了什么，我都会在这里。
3. 我在这里，是为了鼓励你。
4. 我在这里，是为了给你客观的意见。
5. 我在这里，但你必须为自己的行为后果负责。
6. 我在这里，但如果这就等于和你纠缠不清，那我宁可不帮助你。

人际关系是一件礼物，不会因为界线的存在而有所改变，对方应该为此更加尊重你，而不是停止爱你，除非之前他只是在利用你。

当我问那位毕业生："那个人又酗酒又嗑药，给你的生活造成混乱，你还想和他做朋友吗？"

他回答："是的，我们一直都是朋友。"过了一会儿，他说出了这番话，也是我希望他给出的结论："从他的身上，我学到了绝不要这样对待我的人生，学到了我没有责任替他吸取教训，替他直面人生。不过，无论如何，我都会把他当朋友看待，他对我也应该是这样，否则就算不上是真正的友谊。"

◇如何求助◇

棘手之人有时表现得无所不知，无所不能，自说自话，不尊重别人，也不关心你的想法。但遇到问题时，他还是很希望得到外界的帮助。与这类人相处的你，也同样需要这种帮助。得到帮助的途径有很多，譬如去教堂、俱乐部、联谊团体，或者进行心理咨询。

无论是朋友、导师还是心理治疗师都能与你分享不同的见解，帮助你看清问题的本质，理清纷繁的思绪，想清楚关系该何去何从。但记住，他们也具有各自的倾向性，因此具体问题，还需要从年龄、性别等多方面来考虑，到底和谁合作更自在。还有一点就是，不要过分依赖帮助者，解决问题毕竟不能靠局外人，而要靠遇到问题的人，你自己也要努力。

有的人喜欢参加一个小组，和其他有类似经历的人在一起交流；觉得这样可以互相鼓励，更自在些。但小组交流容易发生的问题是，你可能会千篇一律地倾诉自己如何受到伤害，让话题围绕在你一个人身上，而不是寻求解决之道。要知道，受害者是会当上瘾的。

有的人喜欢一对一的帮助方式，觉得那更可靠。但记住，不管这个人是专业人士还是老友，都只是一个有着个人观点和处事习惯的普通人。

当然，也可以建议棘手之人和你一起接受专业咨询，想办法找到解决问题的出路。咨询的目的不是纠正对方的各种错误，而是自己检讨自己做对了什么，做错了什么，是在想办法搭建理解的桥梁。所以说，如果借机彼此攻击，那寻求帮助就是枉然。

你可以这样问心理咨询师：

1. 我为何如此抓狂？
2. 怎样战胜这种感受？
3. 问题出在哪里？
4. 我的态度对关系是有助还是有碍？
5. 如何解决问题？
6. 解决不了的话，我又该怎么办？

◇共舞◇

最好的人际关系是共舞式的关系。虽然与棘手之人协作共舞非常困难，然而，只要目标明确，态度坚定，无论对方怎么做，你都坚持做正确的事，并且付出真诚的关怀，那么，这种可能仍然存在。

想要共舞，你就不能：

1. 介意别人对你的看法。
2. 害怕面对自己的真实感受。

第十七章 紧握对方的手

3. 害怕被拒绝。

4. 认定自己的想法是唯一的、最好的。

5. 把不同的想法看做是威胁。

6. 认为否定你的看法，就是在否定你。

协作是健康人际关系的关键，建立人际关系的双方是一个整体，步伐和动作要协调一致，跟随相同的音乐节奏，舞蹈才能行云流水。同时，两个人又必须保持各自的独立性，一方不能自居为指挥，强迫对方听从自己的意见，无法独立感受音乐，另一方也不能被动等待对方的指令行事，白白放弃了主动权。那么，你们的关系从一开始就缺乏协作性和独立性吗？你需要做点什么来改变它？人际关系的健康成长不是自然而然的事，而是通过正确的互动和持之以恒的配合得来的。

你也许会说，与棘手之人要文明地谈一次话都是挑战，更不要说要共舞。尝试去欣赏对方吧，多看他身上的优点，当面肯定他，写信寄贺卡告诉他。当你决定接纳对方时，希望的种子便已开始萌芽。你的接纳如同甘霖，能滋润对方的心田，如同阳光，能让他感受到温暖。没有人会拒绝得到关怀，看到希望。当对方感到，你接受他本来的样子，他会不由自主地发生变化的。微雨虽小，年深日久，仍能穿石。

> **健康人际关系箴言：**
> 1. 如果不能用正确的方式去帮助，你会越帮越忙。
> 2. 如果想让对方独立起来，就必须设立界线。
> 3. 健康的人际关系是不会受到界线的影响的。

第十八章
希望在何方

如果你拥有坚定的信念，那么身处混乱的局面，你就不会失去方向。正确的信念能树立良好的自我价值感，相信自己的存在是有意义的，相信犯过的错并不是致命的，困境为自己提供了学习的机会；它能告诉你真正重要的是什么，从而作出真正利于人生的决定；它能增强你的抗打击力，使你能忍受暂时的苦楚。有了这种信念，你就会找到救赎之道与内心的平静。

然而，如果信念有误，问题不但得不到解决，反而会更加严重。比方说，一位男士的母亲和太太不断地混战，他夹在中间几乎崩溃。于是，他断章取义地抓住圣经上的一句话"要孝敬父母"，跑去帮母亲。但他忘了，圣经的另一处也写着"人要离开父母，与妻子联合"。这是不是说他应该帮太太呢？一位女士打电话向我求救："我快疯了！三个月前，我八个月大的孩子死于婴儿猝死综合征。牧师告诉我，我应该感到喜乐，因为我可以确信，孩子现在在天堂。但我不仅无法感到喜乐，反而充满了自责与懊悔，我没有照顾好宝宝，让他过早夭折。上帝在惩罚我吗？孩子会下地狱吗？"很明显，这位女士的信念走

第十八章 希望在何方

入了误区。

上面提到的男士和女士在困境中片面地抓住某些教义，盲目坚持错误的信念，不但解决不了问题，还阻碍了他们设立界线，从而产生了种种疑惑：如果我的信念够坚定，就不应该感到悲伤了？如果我真的饶恕了对方，应该会忘得一干二净？我是否爱得不够，否则就不会勃然大怒了？

◇信念能给你答案◇

他为什么如此恶劣地对待我？我为什么要忍受这一切？我干吗不一走了之？当无数个为什么出现在我们的脑海中，我们迫切地抓住自己所信仰的，想要找到一丝宁静。

我曾经在旱季时到爱荷华州参加祈祷活动，那里的土地如同受到炙烤般干裂，庄稼奄奄一息。当地的牧师站在市镇广场中央，呼吁大家拿出一件能代表自己信念的物品，然后一起祈祷一个小时。广场上站满了居民，他们的脸上写着急切的心情，手中握着各式各样的物品，圣经、十字架、念珠……一个小时过去了，天空仿佛听到了呼唤，雨水开始纷纷落下。人群发出阵阵欢呼，把手中的物品感激地举过头顶，赞美上帝。但一个九岁小女孩带来的信念之物却使其他的都黯然失色——她撑开了雨伞。在无望的境地中，我们也应该拥有这样单纯的信念，相信事情总是有希望的。

我特意把信念这一章放在全书的结尾，是想强调，每个人都有责任用信念带动自己的行动，尽力挽救受伤的关系。很多人企望通过宗教信仰，找到可以依靠的东西，保护自己不遇到任何问题。看到自己不能改变棘手之人，不能化解冲突，他们就会抱怨宗教没有价值。还有些人外表虔诚，内心却独自背负痛苦，不愿敞开心胸解决问题，这是一种作茧自缚的态度。如果因为

159

棘手的人际关系让你苦恼便否定信念的作用，那么，你就错过了它的价值。在压力之中，要想获得平安，我们必须同时控制住自己的心理、生理、情绪和灵性四大要素，使其协调工作，而能做到这点的，非信念莫属。

一次，我应邀在一场周末主题聚会上演讲。主持人是另一个著名的心灵康复团体的负责人，她在开场白中说："我们的团体从不谈及宗教信仰。"她排斥谈论人类灵性的话题，期望用缘木求鱼的方式来解决问题。然而，想要战胜棘手之人，对抗不断乞求我们关注的情绪，就无法离开信念的庇护。

听了她的话，我预感当天的演讲不会成功。因为如果不能围绕着信念这个话题来展开，那么就满足不了听众的需要了。人类原本就是具有灵性的，避而不谈会让人觉得缺少了什么，让演讲显得肤浅而空洞。灵性与宗教偏好或教派分支无关，它是心灵的对话，是给为什么找一个答案，是像"上帝在惩罚我吗？孩子会下地狱吗？"这样的问题，是犹太拉比哈洛德·库什纳在《好人为何没好报》（*When Bad Things Happen to Good People*）里提出的问题。

如果一次又一次地以德报怨没有产生积极的效果，人们就会产生怀疑。他们通常会得出下面这类结论：

1. 我的信念不够坚定。
2. 我的祈祷不够好。
3. 我的罪过太大，得不到宽恕。
4. 我必须受苦才能净化心灵。

他们感到自己的努力都付诸东流，觉得自己受到了诅咒，而不是得到祝福。相信上帝有什么用呢？不能解决问题，连在困境中想得到一点平安也是奢望。不计代价的付出，只会让情绪更加不堪重负而已。

第十八章 希望在何方

◇正确的信念◇

正确的信念能引领你找到答案，在混乱中感受到安宁。上帝不会替你解决所有的问题，但他会与你一同经历它们，战胜它们。

信念告诉我们：

1. 我的生命是有意义的。
2. 我人生中遇到这些状况、这些人不是一个错误。
3. 我犯的错不是致命的。
4. 我不是一个人面对问题。
5. 棘手的人际关系能让我得到成长。

正确的信念就像是雨刮器，让我们看清现实，不再寄希望得到任何人的肯定，而是主动发现自己内在的财富，让人生丰富起来。我们深深知道自己是宝贵的，因而无畏无惧，为他人的贪婪与懦弱感到遗憾的同时，尽己所能地帮助对方，把每一个挑战转变成去爱的机会。这样，不管结果如何，我们都能无愧于心。

因为你在乎：让彼此快乐的相处之道

◇ 调整你的眼光 ◇

一位父亲向我这样描述："我的儿子骑摩托车时出车祸身亡。得知他出事后，我坐在客厅的沙发上，脑子一片空白。他的生命像风一样飘逝，这么快乐的大男孩，昨天还在谈笑风生，今天忽然就走了。那是一种震耳欲聋的寂静，泪水太过沉重，充塞了我的内心，终于让我无法抑制地哭了出来。儿子下葬的那三天，我不敢相信自己能活过来，但我一直努力调整自己，去想积极的事情。我的人生因为有他而无比幸福。他活力四射，是个很棒的孩子，虽然生来只有一条腿，但因为周围人的鼓励，他从未把自己视做残疾人。

"这时有两个令人烦恼的人闯进了我的脑海。我忽然意识到，我儿子是身有残疾，而他们却是心理残疾的人。他们个性消极，爱批评人，所以我从不肯定他们的优点，而是一再指出他们的缺点，打击他们。我总是尽全力鼓励儿子，但对这两个人却极其严苛。现在我明白了，这样做是不对的，他们的确很不完美，但也同样需要我的鼓励啊！"

这位父亲说得多好啊。他的儿子虽然肢残，却能拥有健全的心灵，正是因为周围的人都在肯定他的优点，接纳他只有一条腿的事实。棘手之人属于心灵残缺的人，对他们这种态度同样适用。多看到对方的优点并不等于无视他的缺点，却能让你不感到被冒犯，而更多的是替对方感到惋惜。

生病或陷入困境会使人的心情变坏，容易烦躁，对于某些人这种情形下的无理取闹，人们愿意去原谅。但对于一个性格天生就有瑕疵的人，人们却不愿忍受。棘手之人虽然身体没有病，也没有缺胳膊少腿，但他们的性格缺陷也是一种残疾。愤怒和批评一样，都会成为一种习惯，这种态度是没有价值的，无法让事情向好的方面发展。试着调整你的眼光，多看到对方的优点和需要吧，从而更有力量面对问题，而不是轻言放弃。

◇用信念迎接挑战◇

克服困难就像是攀登珠穆朗玛峰一样，爬得越高越是缺氧，肌肉无力，浑身疼痛。和对方的冲突僵持不下时，你感到自己的灵魂都快被抽空了，但即使一次只能迈一厘米，也要坚持下去。就像世界上第一个登上珠峰的人埃德蒙·希拉里一样，指着自己人生中的那座高山，大声地宣告："你可以打败我一次、两次，但不可能永远打败我，因为你不会再长高，而我却还在成长！"希拉里的第一次挑战失败了，但一年后，他成功登上了珠峰。

有了信念的支撑，你就能把不可能变为可能。如果第一次不成功，那么下一次，再下一次，总会成功。你经历的磨炼不是徒然的，信念能把它们变成踏脚石，助你登上险峰，别人也将从你的成功中看到希望。

一次迈一步，你终能征服棘手的人际关系这座高山。

◇信念需要冒险◇

有两粒种子肩并肩躺在肥沃的土壤里，一个说："我要成长，把根扎进脚下的泥土，长出新芽，钻出去，让和煦的阳光照耀我的脸，让晶莹的露珠躺在我的花瓣上。"于是，它努力地生长着。另一个说："泥土里又阴暗又潮湿，把根扎下去一定会撞到石头和虫子。再说，往坚硬的地面上钻，一定会伤到我的幼芽，还是等到安全的时候再说吧。"于是，它静静地等待着。早春时节，一只鸟到处寻找食物，发现了那粒等待中的种子，立刻吃掉了它。

如果你不改变旧有的沟通模式，你的快乐很快就会被人夺走，进而又会让你怀疑自己的价值。

杜克大学的研究表明，祈祷具有神奇的力量，能带来改变。倾诉一个个为什么，或者为他人和你自己祈祷吧，这能让你的信念茁壮成长，使你不再感到脆弱，也不再反应激烈。它是一件灵性的工具，能让你停止批评，敞开心怀，庇佑你和你关心的人平安穿越风暴。

和自然界所有的事物一样，人际关系不是恒久不变的，如果没有人肯为之冒险，使其发生好的变化，它就会失去光彩。有了信念的支撑，就愿意冒这个险。

◇信念把逆境化为机会◇

信念让人看到，上天能把悲剧变成帮助他人的机会。我的处女作《阳光依旧灿烂》(*Sunrise Tomorrow: Coping with a Child's Death*) 出版后，我受邀在全国各地就丧子之痛的主题进行演讲。我能理解人们遭遇的痛苦，也知道该给他们怎样的建议。但刚开始的那段时间，我无法适应这一过程，回忆反复地涌现，每次演讲结束回到家，我都精疲力竭，于是决心要停止演讲。我把日程安排拿出来，对着它祈祷了一整天："我已经尽力了，我受不了了。我好痛苦、好累，不能再讲这个主题了！"

第十八章 希望在何方

在这天晚上，我得到了鼓励。保罗递给我一封寄到他办公室的信。信长达7页，是一位女士从伊利诺伊州寄来的。她说自己已经准备要自杀了，然而一位朋友给了她《阳光依旧灿烂》这本书。"它让我犹如醍醐灌顶。竟然有人和我一样，觉得无路可走，最终却仍然活了下来。"她意识到，有人经历过她所经历的，并且战胜了苦难，也许她也可以。以下是这封信的一段摘录：

我累极了，感到再也没有希望。丈夫曾是我的全部，我们等了很久，才有了自己的孩子。然而正当我们如愿以偿的时候，丈夫却跟他的秘书有了婚外情，抛下了我和孩子，我伤透了心。

离婚后，娘家人成了我唯一的希望。他们在经济上帮助我，我加班时，他们也会帮我去接孩子。那天晚上9点，我昏昏沉沉，累得要命。7岁的儿子坐在后座上，7岁的玛丽坐在前座，她哀求着："拜托，妈妈，今天让我们留在外婆家过夜吧。"她一遍又一遍地恳求，我答应了她。

我没有离开，而是独自疲惫地坐在车里，头伏在方向盘上，思绪纷乱。天亮了，我模模糊糊听到玛丽的声音，看见她走过来。车门险些夹住她的手，于是，我下意识地伸手去挡车门，可是脚却踩上了油门，我慌乱地踩刹车，这样折腾了两三次，好不容易才让车停了下来。我跑下车，看到玛丽躺在地上，儿子站在她身边，喊着说："你为什么要杀死妹妹？为什么要杀死妹妹？"

女儿的葬礼让我悲痛欲绝。时间并没能冲淡一切，我感到越来越痛苦，甚至产生了自杀的念头。读了你的书，我对你失去女儿的经历感同身受。如果有人能够战胜痛苦，也许我也可以。是的，为了儿子，我得活着。

这封信对我而言是莫大的鼓励，我感悟到，自己一天的祈祷并没有白费。是的，我无法改变已经发生的事，我再渴望也无法让女儿死而复生。我能做的，就是把顺境看做恩典，把逆境看做帮助他人的机会，鼓励他们勇敢地迈向明天。

正确的信念让你把一切看做恩典和机会。

◇信念之上的爱◇

亨利·卢云写了一本令人震撼的书《浪子回头》(The Return of the Prodigal Son)。他用17世纪伦勃朗的名画完美地诠释了一世纪的寓言，揭示了20世纪的现代人应该如何寻找人生的意义，细致刻画了画中的五个人：浪子、父亲、大儿子以及两位旁观者，入木三分。

我被他笔下的父亲深深地吸引。如果你也有一个有失孝道的孩子，听到他对自己说出这种话："爸爸，你老了，我想早点分到属于自己的家产，趁着年轻享用它。我等不到你死的那天了，请快点把它分给我。"你也会和这位父亲一样，感到气愤和受伤。

他完全可以一个子儿也不给小儿子，把他赶出家门，或者把家产分给他，让他别再回来。然而，他却说："儿子，拿去吧，这是你的那份家产，我相信你会明智地使用它。但假如走投无路，请回家来。"明知你所爱的人可能遭遇不好的事，却允许他按自己的想法去做，是需要巨大的勇气的。当你的情绪在高喊一切不公平时，却仍要敞开心怀去爱对方，那就更是离不开坚定的信念。

信念的妥协不会有损你的尊严。

第十八章　希望在何方

寓言告诉我们，这位父亲深爱着自己的儿子。他明白，自己不可能保护儿子永不遭受任何创伤，他希望儿子能坚强独立地面对世界。信念告诉他，他不是独自一人，儿子也不是，上天爱他们，会赐给他们智慧和力量去面对一切问题。同样，当你为糟糕的人际关系问题伤神时，信念会告诉你，你并不孤单，上天爱你，并让你领悟到，无须费心改变对方，只需坚持去做正确的事情，知道自己并非唯一一个受到伤害的人，或遇到不好相处的人。

◇信念带来改变◇

一次，我们专门针对中老年丧偶人士，举办了一场为时三小时的主题聚会。结束时，听众们热烈地为彼此打气，喊着："是的！你一定会成功！是的！你一定会成功！"我真期待有一天能听到他们说："我成功了！"

两个信念有着天壤之别的听众走来与我交流心得。前一个对待困难的态度非常消极，每一天都在破坏她所有的人际关系。后一个则被所有认识他的人视为英雄，对众多面对困难的人而言，他就是希望之灯。

前一位听众有着一大堆的健康问题，开口就说出了一连串的"我办不到"，她反反复复抱怨着命运的残酷。我感到很无奈，该说的都说了，我还能说些什么呢？毕竟她必须独立面对人生中的各种困境。她不是珍视人生中的闪光点和一个个机会，却永远都在抱怨自己的不幸。她践踏着自己的自尊，无比消极地把自己放在等死的位置上。

相形之下，后一位听众布朗洛先生的人生可以浓缩成一句话："总是有希望的。"他因为风湿性关节炎佝偻着身体，走动十分困难，但他的热情却感染了所有的人。他眼含热泪地说："我今年已经96岁了，这辈子经历过许多艰难，我都尽力克服了。我和太太结婚63年，她已经先我而去。我们有三个儿子,其中一个和我在暴雨中抢修电线时触电身亡。现在,我时常感到孤单,但我明白,我之所以活着,是因为我的人生具有某种意义。因此,我连一刻时间都没有浪费过,尽力帮助别人。很多人需要的其实并不多,只不过是一通鼓励的电话。"布朗洛先生一生都在培植他对上天的信念,它生根渐长,无比茁壮。

有了正确的信念,你将得到所需的力量,坦然面对棘手之人,或在必要时敢于放手结束某段关系。你的人生信仰能为你改变一切。

> **健康人际关系箴言:**
> 1. 不要用错误的信念来解决问题。
> 2. 不要把信念建立在别人身上。
> 3. 性格缺陷也是一种残疾。
> 4. 一次迈一步,你终能征服人际关系这座高山。
> 5. 正确的信念让你把一切看做恩典和机会。
> 6. 信念的妥协不会折损你的尊严。

第十九章

与豪猪共舞

伟大的冰球运动员韦恩·格雷茨基说:"我既不是最敏捷的,也不是最强壮的,但我懂得牢牢盯住冰球不放。"这就像是看到棘手的人际关系中的契机。想要与豪猪共舞谈何容易,你需要时刻保持警惕,以免被刺扎到。然而如果能够成功,你将会在对方虚张声势的强势后面,发现他的需要和价值。如果愿意配合对方而不感到有失尊严,渐渐地你将会发现,挑战本身就是契机,在练习共舞的过程中,你们的关系将得到改变,经历到前所未有的自由。

◇ 困难?成长! ◇

金丝雀拥有我们梦寐以求的能力,它的脑细胞能够不断地自我更新。神经发生这种功能在成年鱼类、爬行类动物和老鼠身上都很普遍,它是指脑神经细胞的再生能力。人类的大脑不具备这一功能,但人脑具有调整思想的能力也是其他物种所不具备的，它使我们通过学习不断地反思，从而得到改变和成长。所以说，克服困难不仅能使你得到成长，还能使其他人得到帮助。

虽然渴望既不用放弃自我或对方，又能顺利地沟通，但人际关系问题教会我们，要活在当下，因为结果非我们所能掌控。如果你认为还值得为关系付出，那就不断地努力吧，直到达成目标为止。只需谨记你是在与豪猪共舞，因此被刺扎到时，别感到吃惊，多加警惕。不逃避，不退缩，抓住今天可以抓住的一切希望，你的努力就绝不会白费。

◇向何处去◇

开头坏，不代表会永远坏下去，知道这点让人安慰。我并不是让你否认过去，而是说，不要把人生的不如意归咎在棘手之人的身上，要利用这些挑战与挫折从人生的课堂上学有所得，懂得善良与正直的可贵，积极地拿回属于你的人生。

遭遇打击时感到痛苦是正常的，因为得不到认同而埋怨也是人之常情，但这种态度毫无意义，只会偷走你的快乐。

一位学员讲述了自己的经历："儿时，父母把我当做泄愤对象，不让我做这，不让我做那，稍有不对便横加斥责。成年后，我仍然心怀怨恨地过日子，用相同的方式去对待自己的太太和孩子，这种做法差点毁掉我的家庭。人到中年我才醒悟，我才是自己人生的主人。我再也不想这样对待家人，再也不想消极地生活下去了。"

许多人虽然童年时遭受过伤害，却在成人后克服了这个问题。喜剧大师查理·卓别林在孩提时代孤苦无依，曾亲眼目睹母亲被送进精神病院，但成

第十九章　与豪猪共舞

人后，他却将这种经历融入到自己的表演中，创造出了最高喜剧艺术形式：悲喜剧。摇滚教母蒂娜·特纳饱受婚姻暴力之苦，和艾克·特纳离婚后，她才再一次找回自我，得以继续自己的歌唱事业。许多人的人生经历都很糟糕，但重要的不是你以前怎样，走过哪些弯路，而是你此刻要往哪里去，在前进的过程中得到了什么。

◇勇敢去爱◇

今天，人际关系发生了普遍性的危机，许多人害怕受伤，所以不愿勇敢地去爱。发生摩擦后，不是及时与对方和好，而是消极等待，认为对方欠我们很多，应该等他全部还完了，才能对他有所付出，否则就不足以惩戒。在棘手的人际关系中，我们常常把对方看得浑身都是缺点，没有丝毫优点，并为其缺点耿耿于怀，纠结于此，拒绝接受现实。

和所有的人一样，也许你犯过很多错，浪费了很多光阴，一直不愿敞开心扉去爱对方，但要改变永不嫌晚。百老汇音乐剧《圣诞颂歌》集中表现了守财奴埃比尼泽·斯克鲁奇的人生经历，他一生孤僻，刁钻刻薄，在年老时才改头换面。三位圣诞精灵造访并带领他审视了自己的过去、现在和未来，使斯克鲁奇的价值观与人生态度发生了一百八十度的转变，他由吝啬变得慷慨，由自私变得仁爱，由悲苦变得容光焕发，由失败者变成了成功者。这个故事启示我们，过去并不重要，重要的是你此刻做的事是否正确。下面是斯克鲁奇唱出的心声，你能否把它运用在今天的生活中呢？

我将铭记上帝的恩惠，铭记这一天。

过去已成过去，从现在开始，我会努力活得有意义。

好好地生活，尽力地给予。

◇爱为永恒◇

经营一份健全的人际关系并不是一帆风顺的，你不断地前进，后退，停顿，再前进，似乎在做着永不可能的事。当你练习冷静回应对方时，一定会遭遇挫折，甚至于当你获得了重大突破时也可能再次犯错，所以，对自己要有耐性。在棘手的人际关系中，你永远无法避免会感到困惑、焦虑、畏惧或歉疚，然而每每战胜它们，你都会品尝到自由带来的轻松感，这会成为你的动力。如果你尽了全力，这种关系还是无可救药，那就从中积累经验吧，想办法改善或是承认没办法改善都是很好的成长方式。无论如何，别放弃与人为善，努力经营良好的人际关系，把这个过程中遇到的阻力当做工具，磨炼我们成为优秀的人，从而在困难面前，像天使一样的超脱，展翅翱翔，脱离种种束缚，获得真正的自由。

一位老人慨叹："希望儿子不要学我。这么多年来，我一直强迫太太和孩子表现完美，使他们近乎崩溃。在家里，我永远是老大，他们必须无条件地服从我。现在，我终于彻底醒悟，我需要改变自己。不管还能在世上停留多久，我都将尽全力去关爱和鼓励别人。"

这个人能看清现实，意识到问题不是出在别人身上，而是出在自己身上，这点很不容易，他为此吃了许多苦头。尽管无法改变过去，但他仍然拥有扭转人生的力量，仍然能弥补自己带给别人的伤害。他懂得了，发号施令不能使别人尊重你，爱和鼓励才能，懂得了不要让别人左右你的快乐，而要自己播种快乐。

第十九章　与豪猪共舞

发号施令不能使别人尊重你，爱和鼓励才能。

一生中，你可以饶恕的伤害很多，可以释怀的事情很多。当你这样去做时，人们会发现，你看事情的眼光完全改变了，不再计较得到了多少，地位有多高，积攒了多少财富，而是变得关注周遭的人。是的，爱才是永恒不变的。活得有多长并非衡量人生好坏的最佳标准，真正重要的是，这一生中，谁曾爱过你，你曾爱过谁，曾如何去爱。

◇负起责任◇

你有责任让自己拥有良好的生活方式，这与命运或任何人无关。某些人干扰了你，让你无法专心致志，去做该做的事。告诉自己：我再也不允许对方无谓地消耗我的精力、浪费我的宝贵光阴！

本书并非告诉你现成的解决方案，而是指引你找到自己的方向。相信此刻你心里已经有了清晰的答案。让我们回顾一下本书的重点：

1. 人际关系是一份礼物，与谁亏欠谁无关。
2. 虽然似乎并非如此，但也许棘手之人非常在乎你。
3. 指责带来的杀伤力极大。
4. 对方不可能全是缺点，一定要找到他的优点并给予鼓励。
5. 让别人了解你的界线。
6. 帮助对方很重要，忠于自我也很重要。
7. 你无法阻止所有的错误发生，无法保护所有的人。

8. 虽然心疼对方，但你无法代替他面对并战胜困难。
9. 保护自己不受对方的消极影响。
10. 你不可能不犯错，但换个角度将让你感受到超越一切烦恼的自由。
11. 你的未来充满希望，有无尽可能。

对于这个问题："你希望改善棘手的人际关系吗？"许多人给出了肯定的答案，但前提是对方愿意改变，自己无须饶恕，并能补偿失去的一切。然而，现实与此大相径庭，你必须付出努力，人际关系也不会完全按你的想象去发展。如果是这样，你还愿意竭力应对一切困难吗？如果你的答案仍然是肯定的，且愿意释然地面对尽力而为的结果，那么，请大声地宣告：

从此时此刻开始，
我不再让别人掌握我人生的主动权。
我不再让别人的一举一动左右我的感受。
我会停止渴念无法实现的事，珍视现有的一切，创造美好的未来。
我会用健康的方式满足自己的需要，而不是依赖别人。
我会把顺境视做恩典，把逆境视做机会。
在人生的课堂上，我的身心与灵性将得到成长。
人生的每一刹那都值得感恩。
我是宝贵的。

新闻女王芭芭拉·沃特斯问斯蒂文·斯皮尔伯格："如果让你改动一部电影的结局，你会改哪一部？如何改？"

斯皮尔伯格想了想，回答："我会改掉《乱世佳人》的结局。在片中，白瑞德愤然离开了斯嘉丽，只留给她一句话：坦白说，亲爱的，我管不着！在现实生活中，人人都会遇到自己无法忍受的人，不能总是一走了之。因此，我想让白瑞德回心转意，对斯嘉丽说：坦白说，亲爱的，我管得着！我俩怎样才能和平相处呢？"

> **健康人际关系箴言：**
> 1. 在困难面前，像天使一样的超脱，展翅翱翔，脱离种种束缚，获得真正的自由。
> 2. 发号施令不能使别人尊重你，爱和鼓励才能。